NANCI MARTIN

ELLAS LOS PREFIEREN MALOS

LA DIFERENCIA ENTRE LO QUE LAS MUJERES DICEN QUERER Y LO QUE ELIGEN

Ellas los prefieren malos
es editado por
EDICIONES LEA S.A.
Av. Dorrego 330
Ciudad de Buenos Aires, Argentina.
E-mail: info@edicioneslea.com
Web: www.edicioneslea.com

ISBN 978-987-718-500-3

Primera edición. Impreso en Argentina.
Mayo de 2017. Talleres Gráficos Elías Porter

Martin, Nanci
   Ellas los prefieren malos / Nanci Martin. - 1a ed. - Ciudad
Autónoma de Buenos Aires : Ediciones Lea, 2017.
   192 p. ; 23 x 15 cm. - (Psicología cotidiana ; 11)

   ISBN 978-987-718-500-3

   1. Relaciones Interpersonales. 2. Aspectos Sociales. I. Título.
   CDD 158.2

¡Gracias!

A Dadá, el amor de mi vida, por tantas cosas. A mis pacientes y ex pacientes, porque algo de ellos hará que quienes estén atravesando historias similares no se sientan tan solos. A los bulliciosos lectores de mis otros libros, cuyos afilados conceptos –y créanme que son sólo los que se pudieron poner– son el wasabi de estas páginas. A mis editores, por haber apoyado la obra, permitiendo que hoy esté en tus manos. Y a los infatigables buscadores de amor, porque pese a las heridas, traspiés y desilusiones transitadas, aún esperan corazones buenos.

Dedicado a mi querido abuelo Manuel,
por enseñarme, con su ternura indeleble
y su cálida incondicionalidad,
cuán amorosos y sensibles
pueden ser los hombres...

"Hay dolor en el cambio y hay dolor en permanecer igual.
Escoge aquello que te haga avanzar".

Earnie Larsen.

Introducción

La mayoría de las personas tuvo al menos un amor sufrido, unilateral, tortuoso. Alguien que obsesionaba y de quien le era difícil apartarse. Pero esto que antes ocurría en ambos sexos y como excepción, para demasiadas mujeres devino la norma. Las relaciones, que solían ser románticas, se tornaron destructivas y el maltrato emocional –auto–maltrato, en última instancia– es lo que abunda.

Otra novedad es que hoy se anota todo a cuenta de los hombres. Pero lejos de ser de ayuda, esta perspectiva ata a las mujeres de pies y manos, justo cuando tenemos mucho que prevenir, mucho que saber sobre nosotras mismas, mucho que desandar.

Porque pese al pensamiento hegemónico que carga las tintas sobre el varón, la realidad se parece a la frase "Cómo culpar al viento por el desorden hecho si fui yo quien ha dejado la ventana abierta". Y digo "se parece" porque no eximo de responsabilidad al viento. El desorden es obra suya y de mi descuido.

Así que si me preguntas qué tienen estas páginas que no tengan otros discursos sobre las relaciones te diré: sinceridad. Porque culpar es cómodo, es la zona de confort, es victimismo estéril, mientras que la sinceridad te ayuda a cerrar la ventana cuando ves que está cambiando el tiempo.

Por eso este libro es para mujeres valientes –y por necesidad valientes somos todas–, que se animan a ver más allá de la auto–compasión, y para hombres que ven sufrir a sus hermanas, a sus amigas, a sus colegas, sin saber qué hacer.

O que sufren ellos mismos porque no consiguen entender cómo el diario titula: "Solidarios y caballeros es lo que más atrae a las mujeres" y, siendo ambas cosas, están solos. Y mientras la sección Policiales expone, día tras día, más y más casos de mujeres emparejadas con monstruos.

¿Cómo es que ellas terminaron en esa situación? ¿Qué es lo que les anula el instinto de supervivencia y les impide apartarse tempranamente de esos hombres? Y sin llegar a estos extremos, ¿qué hace que tantas mujeres soporten frialdad, desprecio, desamor, cuando no dudo de que lo que desean con el alma es ser queridas?

¿Será que, pese al inmenso dolor que les producen, estos "amores" les reportan también algún "beneficio" inconsciente? Y si es así, ¿cuáles son esos "beneficios"? ¿Qué tienen de "bueno" los chicos malos para que los prefieran y se produzca el encastre? ¿Acaso las mujeres mentimos cuando afirmamos que los queremos caballeros?

En absoluto. Es solo que no hay que confundir lo que se dice desde la racionalidad, desde nuestra idea de cómo deben ser las cosas, desde lo que creemos que la sociedad espera de nosotras y desde lo que sabemos sano, con nuestros deseos y necesidades no conscientes, que a veces se nos imponen y que por lo común nos son tan desconocidos como nuestras vísceras.

Por eso, los lazos que dañan le plantean a la mujer algunos desafíos. El de empezar a conocerse a sí misma. El de sanar sus heridas internas, de modo que ya ningún hombre haga pie en ellas para manipularla. Y el de quererse lo suficiente como para dejar ir cuando alguien la rechace, la intente dominar o la desvalorice.

En este cuadro, ¿qué margen de maniobra les queda a los hombres valiosos, que se creen solos por las malas elecciones de las mujeres? ¿Son realmente el daño colateral de las desafortunadas decisiones femeninas? ¿O es que ellos también deben rever su propia historia, sus actitudes, sus conductas, para acceder a vínculos más gratificantes?

Y en cuanto a las mujeres que ya han entendido que el problema no son los hombres en general sino un pequeño grupo, y que saben por experiencia propia que los chicos malos no aman... ¿les cabe la esperanza de olvidar a quien les marcó el corazón profundamente?

En las próximas páginas abordaré todos los interrogantes planteados en esta Introducción, con el aporte de casos clínicos y con algunos de los muchos testimonios que fui recogiendo, durante más de una década, en mi trabajo con amores ruinosos.

Verás cómo mujeres que llegaron a terapia con aprensión al género masculino terminaron comprendiendo que el problema no eran "los" hombres sino aquellos que ellas "elegían". Así, entre comillas. Porque esta elección era también la síntesis de motivaciones ignoradas.

Pero arribar a ese punto sólo es posible cuando las mujeres nos atrevemos a aceptar que no somos el reservorio de todas las virtudes ni de la salud amorosa y que a veces tomamos decisiones que pagamos caro.

Poder asumir nuestra situación afectiva tal como es hoy, por dura que sea, y en la seguridad de que podremos revertirla, es el comienzo de la resiliencia amorosa. Eso es ser más fuertes que nuestras circunstancias.

Así es como se crece y como te pones en condiciones de lograr vínculos sanos, estables y felices. Haciéndote cargo. Tomando retos que te lanzan hacia adelante y dejan atrás todo lo que ya no quieres para tu vida. Esto y ninguna otra cosa es lo que transformará a cualquier mujer en una verdadera ganadora.

Porque gana quien no ve enemigos –los hombres– donde no los hay... Además, ¡nadie puede ser feliz odiando a media humanidad! Gana quien sustituye sus prejuicios por recursos e ideas más realistas. Y gana quien comprende que es más fácil usar pantuflas que alfombrar el mundo.

Capítulo 1
¿Los queremos psicópatas?

Habíamos sido compañeras en la escuela y habíamos pensado cursar juntas la universidad. Fue por entonces que supe de su amor secreto. Y no lo llamo "secreto" porque el chico no conociera su sentir, que lo conocía de sobra, sino porque ella apenas lo mencionaba y porque me lo presentó como un amigo.

Aquel día lo habíamos ido a ver por unos datos y me impactó que la tratase como a una empleada doméstica a la que, para peor, no se le tiene respeto. Mientras él hablaba, Estefi cumplía sus órdenes y servía café como una sombra. Avergonzada, abatida, muda. En su presencia, ella desapareció.

Ella cumplía sus órdenes como una sombra… avergonzada, abatida, muda. En su presencia, ella desapareció.

Incómoda y sin entender qué estaba sucediendo, ni bien pude me puse de pie para irme y mi amiga se apuró para salir conmigo. A regañadientes, luego me aceptó que estaba enamorada de él y que tenían sexo de vez en cuando.

Le sugerí que se distanciase de ese irrespetuoso y me respondió que él ya se encargaba de mantenerla lejos… pero que un día ella se recibiría de docente y llegaría a directora. Y entonces él iba a saber quién era ella.

Así supe que, además de un amor secreto, ella tenía un plan. Celosamente escondido de quienes la queríamos y podíamos decirle lo que era evidente que ya sabía. Que él no valía la pena. No por nada nos había ocultado la situación.

Con los años supe que no era la única. Millones de Estefis en el mundo sufren cada día por hombres que las tratan desconsideradamente y sacan rédito de la obsesión que provocan, mientras ellas se desviven por complacerlos y los idolatran como a un Dios.

Millones de mujeres en el mundo sufren cada día por hombres que las tratan desconsideradamente.

Ese oscuro objeto de deseo

Como verás, el hombre equivocado no es la excepción en el género femenino. Es la regla. Porque aunque elogiemos a los galancetes de moda, no nos atrae el hombre más lindo. Ni el de más dinero. Ni el más poderoso. No digo que no nos vinculemos con otro tipo de hombres o que no nos atraiga el chico bueno cuando aprendemos a amar. Me refiero a que el magnetismo animal lo encarnan los malos.

No obstante, algunas veces se da la paradoja de que consideremos malo a quien no lo es y que quien sí lo es pase desapercibido merced al afán negador de la víctima.

Pero el chico malo lo sigue siendo aunque nos cueste asumirlo… Ocurre que no es fácil aceptar que nos atrae alguien que nos daña. Por eso lo justificamos, porque así también nos justificamos nosotras.

El aspecto no hace al malo

Aunque resulta fácil reconocerlo en las películas de Hollywood, montado en una moto y con campera de jean, en la vida real no es tan simple. Porque el chico malo no se ciñe a un estereotipo. Un hombre puede vestir traje u ocupar un cargo importante y al mismo tiempo ser un insensible, un Don Juan o un golpeador. ¿Cómo identificarlo, entonces?

Lo que define al chico malo como tal es que, no importa lo que diga, su conducta no guarda consideración por los sentimientos de los otros. En este caso, los femeninos. Porque por lo general estas personalidades dañan a hombres y mujeres, sin distinción.

> **Lo que define a un chico malo como tal es su total falta de consideración por los sentimientos femeninos.**

De todos modos, el mayor problema no es que la mujer no sepa lo disfuncional que es el hombre de sus amores, puesto que muchas veces lo sabe. Lo complicado es que, salvo excepciones, ese conocimiento no consigue disuadirla de tan desventajosa relación.

Y él, que percibe su dificultad para dejarlo, usa y abusa de esta debilidad. Porque, aunque se muestre indiferente con ella o con sus necesidades, él está perfectamente al tanto de la lucha interna que él le produce y que la mujer pierde en cada ocasión.

"Nocivo para la salud", "que se opone a la ley", "enredador"… al chico malo todas las definiciones del diccionario le cuadran. Pero, sobre todo, es aquel que afecta el bienestar psicológico, emocional, físico y hasta financiero de la seducida. Y lo hace de una forma tan traumática que marca un antes y un después en su existencia.

Algo psicópata, algo narcisista

Un estudio realizado en 2008 por los doctores David Schimitt y Peter Jonason en dos universidades americanas, reunió a los estudiantes con la mayor cantidad de mujeres en su historial sexual y examinó sus características psicológicas y la duración y cantidad de parejas sexuales que tuvieron.

Concluyó que el hombre que las mujeres prefieren comparte rasgos de la psicopatía, del narcisismo y del maquiavelismo. Para ser más exacta, comparte la obsesión por sí mismos del narcisismo, la búsqueda de emociones fuertes y la conducta insensible de los psicópatas, y la naturaleza engañadora y explotadora del maquiavelismo.

Sin embargo, para que una mujer resulte perjudicada en una relación, que el hombre nocivo exista no basta. Porque es lo que él hace... más lo que yo decido soportar, minimizar y/o excusar...

...es lo que el otro no hace y mi obstinación por permanecer aun cuando mis necesidades no son satisfechas. Es lo que ha demostrado ser y mi intención de cambiarlo.

Y es él más lo que está sucediendo en mi vida para que esa persona haya tenido un lugar en mí. Por eso concibo al chico malo como una dupla a romper.

Porque así como el poderoso imán tiene un límite –sólo atrae al hierro–, y así como el seductor Drácula podía fascinar únicamente a las mujeres que lo hubieran invitado a su vivienda, el hombre tóxico es incapaz de atraer a todas.

Así como el poderoso imán tiene un límite –solo atrae al hierro–, el magnetismo de un chico malo funciona con las mujeres vulnerables.

"Vamos por más seres vulnerables", le propone un vampiro teen a otro en una serie, desnudando el criterio con el que los hombres más nocivos seleccionan a sus víctimas.

Por eso se vuelve imprescindible conocer bien a la otra persona antes de invitarla a ser parte de tu existencia. Porque entregarse por completo antes de comprobar que quien te gusta lo merece entraña un riesgo alto que se puede prevenir.

El hombre que las mujeres prefieren comparte rasgos de la psicopatía, del narcisismo y del maquiavelismo.

Qué *no es* un chico malo

No todo hombre que hace sufrir es un chico malo. Que el hombre frustre da rabia, el rechazo duele horrores y la decepción y el abandono pueden dejar heridas profundas. Pero eso no lo convierte necesariamente en un insensible. En todo caso, la culpa será de nuestras expectativas que esperan más de lo que el otro puede dar.

De hecho, los vínculos no correspondidos son tan comunes como encandilarse con un chico malo. Pero no porque a las personas nos guste sufrir. Porque aunque fallida, la búsqueda es siempre de amor. Es sólo que buscamos ser queridos por quien no nos quiere. Casi con la misma desesperación con la que de niños buscábamos ser amados por mamá y papá porque su atención nos aseguraba la supervivencia.

Aunque a veces fallida, la búsqueda siempre es de Amor. No de dolor.

En la lograda película *Two Lovers,* por ejemplo, el personaje que interpreta Joaquin Phoenix la pasa fatal por la chica que encarna Gwyneth Paltrow, que a su vez sufre por otro hombre. Es el clásico esquema A ama a B, pero B ama a C, que no ama a nadie. Seguramente en alguna oportunidad lo padeciste. Aunque pocos aceptan que, en numerosas ocasiones, lo que les desgarra el corazón no es lo que el otro hace sino su propia decisión de insistir con personas inconvenientes.

Fuera de control

Las risitas pícaras que las mujeres a veces dibujan cuando digo que nos gustan malos, presumen un control de la situación con el que en realidad no se cuenta. De hecho, gran parte del atractivo del malo es esa imposibilidad de prever sus reacciones, de incidir en su comportamiento, de ajustar el vínculo a las necesidades mutuas.

Porque lo último que él quiere es complacer a su partenaire de ocasión. No le interesa contentar ni a la mujer ni a nadie, por lo que hará y deshará a su gusto incitándola a que se adapte o se vaya. De más está decir que él sabe que ella se quedará.

Y aquí es donde me pregunto, ¿qué está pasando con nuestra autoestima como género para que las mujeres permitamos esos atropellos? O peor aún, ¿para que nos derritamos por los hombres que nos tratan mal?

¿Qué está pasando con nuestra autoestima como género para que las mujeres nos derritamos por hombres que nos tratan mal?

¿No tenemos allí un tema por resolver? ¿En qué momento las mujeres dejaremos de señalar afuera y empezaremos a mirar hacia adentro para sanar lo que haya que sanar y elegir mejor?

Porque siempre se responsabiliza a los hombres por nuestras dificultades, pero el déficit de autoestima de las mujeres es notorio. Y he encontrado, en muchas de mis pacientes, que éste se origina en el vínculo con otra mujer. Más precisamente con una madre descalificadora, indiferente o con una marcada preferencia por sus hijos varones.

¿Cómo pretender que alguien se quiera y se respete cuando su amor propio fue erosionado apenas empezaba a despuntar? Es hora pues, de que madres y padres les hagan saber a sus hijos e hijas que son valiosos para ellos. Y que lo hagan, más que con palabras, con hechos.

Cuando esto suceda, podrán existir todos los condicionantes externos del mundo que no habrá chico malo capaz de encender el corazón femenino. Porque una mujer que se valora ni siquiera lo ve.

Capítulo 2
¿Por qué tenemos amores perros?

Facundo controla a su novia, la insulta con sus conjeturas, la amenaza con romper la relación por cosas que no hizo, pero ella no hace terapia para abandonarlo sino para que puedan llevarse mejor.

"Estoy teniendo miedo al acostarme –me dice– tengo que dormir con una luz prendida o con la tele. No sé miedo a qué tengo. A estar sola... Cuando duermo con Facundo no me pasa. Es que yo ya estuve sola acá... Me dolió mucho y me fue muy difícil dejar mi lugar para venirme a Buenos Aires por mi anterior novio y que después se derrumbe la pareja... fue tremendo".

"No es solo con Facu que me siento intimidada –dirá en otra oportunidad–. Yo soy así con todo el que siento más fuerte... No me animo a decir algunas cosas por si se enojan, me insultan o se van... Entonces me achico y termino pidiendo perdón".

Me siento intimidada por el que es más fuerte. No me animo a decir algunas cosas por si se enojan, me insultan o se van.

"Mis padres están divorciados desde hace once años. En ese momento yo iba y venía con lo que decía uno del otro, y al principio me sentía importante en ese rol, pero después me afectó muchísimo. Porque no quería saber más si mi papá era un hijo de perra o mi mamá una interesada... Mi papá está bastante loco. No me llevo muy bien con él. Trata mal. Por ahí se enojaba y desaparecía. A mi mamá le decía barbaridades...".

Miedo a la soledad, modelo paterno, falta de asertividad, baja autoestima... todo la había llevado a Facundo y la mantenía con él. Porque nunca hay una sola razón para vincularse con un chico malo. Nuestras conductas están siempre sobredeterminadas. Lo que significa que son producto de múltiples motivaciones. En los próximos apartados veremos otras.

Emociones al por mayor

Un chico malo es un parque de diversiones. No porque sea divertido estar con él, porque casi nunca lo es, sino porque está diseñado para brindar todo tipo de sensaciones: adrenalina, vértigo, miedo...

Y a propósito de los parques, ¿te diste cuenta que desde niños se nos estimula el gusto por las emociones fuertes? Se lanza a los pequeños por el aire, se los hace "volar" girando el adulto, se los hamaca alto, se los sube a trencitos que les provocan miedo, se los asusta para que se sobresalten...

¿Te diste cuenta que desde niños se nos estimula el gusto por las emociones fuertes?

Quienes velan por la protección de la niñez deberían tomar nota de esta sobreexcitación a la que se expone a las desprotegidas mentes en formación para poder desalentar estos juegos. Porque habituar a la psiquis a estímulos elevados hace que luego se requieran dosis de emociones cada vez más altas. Si además se padeció algún tipo de maltrato en los primeros años, o se proviene de progenitores inestables, se produce en la persona una mayor tolerancia a lo tóxico en relación a quienes no padecieron estos estímulos.

He ahí una de las causas de que muchas mujeres soporten abusos de los que el resto huiría. La situación les resulta familiar, y, como su umbral emocional está por encima del resto, sólo reconocen una situación malsana cuando es extrema.

Y porque, a diferencia del hombre –más inclinado a los deportes, a la competencia laboral y a las películas de acción–, pareciera que la mujer tiende a orientar su necesidad de emociones a sus vínculos sentimentales, obteniéndolas del chico malo.

Esconder bajo la alfombra

A ninguna mujer le gusta sufrir por el hombre que menos lo merece. Pero en algún punto es mucho mejor que afrontar situaciones duras de las que no vislumbramos salida, como podría ser una infancia más difícil de lo que nos atreveríamos a admitir.

Por algo nos es mucho más fácil hablar de una mala relación sentimental que de un vínculo doloroso con alguien de nuestra propia sangre. Lo que, dicho sea de paso, dada la sacralización que se ha hecho de la familia, además avergüenza.

Y la relación con un chico malo nos viene de perillas para barrer esos temas dolorosos bajo la alfombra. Es como ver TV o usar las redes sociales para no pensar. Sabes que son una pérdida de tiempo y que no resuelven nada, pero así y todo las usas para evadirte. Bien, un chico malo tiende a cumplir la misma función.

La relación con un chico malo nos viene de perillas para evadirnos de otros temas doloros.

Por eso, para poder construir una relación sana, necesitamos levantar antes la alfombra y ver qué hay debajo, qué es lo que nos estamos escondiendo a nosotros mismos. Porque el amor de pareja no cancelará nuestras cuentas pendientes. Sólo las mostrará bajo otro ropaje.

Pasiones prohibidas

Uno de los pasatiempos favoritos del chico malo es empujar a las personas a correr sus propios límites, a hacer lo que en condiciones normales no harían, a saltar sus candorosas barreras morales. Por eso involucra al otro en sus andanzas, crea las condiciones para que eso ocurra, lleva a las mujeres a un tácito acuerdo donde él las incita a ir más allá de donde acostumbran y ellas aceptan lo que por prejuicios hubieran descartado. Vale decir, funciona como el pretexto que les permite cumplir sus deseos prohibidos.

Un malote para maquillar la soledad

"El sábado fui a una misa de casamiento y volví mal –me relata una paciente–. Es lindo ver que haya personas que se quieren de esa manera. Pero terminó la misa y me volví a mi casa sola... y no fui a la fiesta. Me quedé a dormir. Ya no quiero estar sola... No me sentí mal porque no estoy casada sino porque uno quiere compañía... Extraño que alguien me diga que me quiere... Siempre trato de mostrarme fuerte e independiente pero cansa... Y corro el riesgo de meterme con cualquiera, como hice con Diego".

Diego era un chico que se decía solo –pero que en mi opinión estaba en pareja–, y cuya conducta le trajo a Belén desconcierto y dolor.

Había comenzado terapia luego de una seguidilla de hombres decepcionantes y creía que Diego era diferente porque era atento y estaba pendiente de ella. Belén consideraba que dichas actitudes hubieran sido imposibles de haber tenido él otra relación.

Pero quizás él no la habría sorprendido desapareciendo de haberle podido formular ella algunas preguntas que le recomendé. Las evitó –y luego se arrepintió de haberlas evitado– porque, según me dijo, no quería parecer alguien que proponía una relación formal.

Aunque lo que en verdad temía Belén era que las respuestas de Diego no la conformasen. Y que, a consecuencia de ello, tuviese que tomar una decisión que la arrojara nuevamente a la soledad.

Lo que de todos modos terminó ocurriendo, pero dejándole la desagradable sensación de que "otra vez" la habían "usado", según sus palabras.

Así que si has de arrepentirte de algo, que no sea por no tomar precauciones por temor a la soledad. Porque cuando una mujer cierra los ojos para seguir acompañada, daña su autoestima y el final llega de todas formas.

Lo siento, no lo puedes cambiar.

¿Por qué somos tan cuidadosos con las compras pero no hacemos lo mismo con las relaciones? Porque no decidimos, por ejemplo, una vivienda sobre la única base de los clasificados sino que vamos a ver si la propiedad es como dice el aviso, si tiene inconvenientes, y a evaluar si son o no relevantes… Porque lo que hoy se minimiza, mañana se lamenta.

Pero en las relaciones amorosas –que comprometen nuestra carne, nuestra necesidad de amor, nuestras ilusiones y fe en los demás– cerramos trato con premura, con información pobre y creyendo a pie juntillas en las palabras.

En las relaciones amorosas cerramos trato con promesas con información pobre y creyendo ciegamente en las palabras.

Tampoco decimos de un departamento chico: "no importa, yo lo voy a cambiar" porque la estructura no lo permite.

Sin embargo, con las personas, que la posibilidad de que cambien porque se me ocurre es una en millones, nos sentamos a esperar la transformación.

Especialmente si al inicio el otro aparentó ser como soñamos. Es increíble el dolor que la gente es capaz de soportar en la esperanza de revivir ese dichoso instante perdido.

Pero cuando estamos emocionalmente sanos, tenemos vínculos sociales, lazos familiares contenedores y nos queremos bien, raramente aceptamos situaciones que nos perjudican.

Hasta aquí hemos visto los factores individuales que hacen que muchas mujeres caigan rendidas ante un hombre que destaca más por lo negativo que por lo positivo.

En el siguiente capítulo encontrarás los condicionantes sociales y culturales que las refuerzan en el involucramiento con un chico malo.

Capítulo 3
"¡Vive el presente!" y otros aliados del desamor

Existe un contexto cultural que incide no en el gusto por los chicos malos pero sí en que las mujeres llevemos el deseo a la acción. Y ese contexto lo constituye el mandato de vivir sólo el presente, una merma generalizada del control de los impulsos, el ser parte de una sociedad deprimida, el influjo de un neofeminismo reacio a la autorresponsabilidad y las creencias que tenemos sobre el amor. ¿Vemos cada uno?

Existe un contexto cultural que incide no en el gusto por los chicos malos pero sí en que las mujeres llevemos el deseo a la acción.

El desmedido énfasis en el hoy

El llamado a vivir el presente se manifiesta en dos formas: como estar en el momento y como vivir el momento.

Estar en el momento es el nombre que se le da a la pretensión de desamarrarse de los dolores del pasado y de las angustias por el futuro concentrando la atención en el ahora.

Pero si el pasado y el futuro nos perturban es porque necesitan que se los escuche, porque buscan que procesemos algunas cuestiones no resueltas y que nos preparemos para lo que viene porque nos faltan recursos. De ahí que amordazarlas no haga más que postergar indefinidamente esas tareas.

Por eso los psicofármacos, la meditación, yoga y Mindfulness sólo poseen un efecto cosmético, pasajero. Porque actúan sobre los síntomas, no sobre las causas. De otra manera no se necesitaría repetir estas prácticas a diario... de por vida.

La meditación, yoga y mindfulness tienen un efecto cosmético, pasajero, porque actúan sobre los síntomas, no sobre las causas.

No obstante, en esta moda de idolatrar el hoy, es la segunda consigna, la de Vivir el momento, la que incide en las dañosas relaciones sentimentales de las mujeres.

Con el argumento de que el presente es lo único seguro, se exhorta a las personas a vivir como si en un abrir y cerrar de ojos se terminara el mundo.

El problema con esta filosofía es que si no morimos –algo que generalmente ocurre– al día siguiente vamos a tener que lidiar con las consecuencias que desestimamos el día anterior.

Y la consecuencia de involucrarse con un chico malo pensando sólo en el presente suele ser que la mujer se enamora de él y, si quiere seguir viéndolo, tendrá que aceptar sus reglas.

Víctima de los propios arrebatos

Se supone que primero debemos pensar y luego actuar. Pero en los tiempos actuales se invierte el orden. Y actuar sin pensar con suerte nos puede salir bien, pero ¿por qué arriesgarnos cuando contamos con la mente para prevenir?

Por eso actuar por impulso, llevados por las pasiones, en ciertos casos es un retroceso en nuestra evolución. Porque nos reduce a nuestros instintos y nos deja a merced de nuestras demandas inconscientes... aunque quienes se entregan a los impulsos con la excusa de Vivir el hoy son bastante selectivos. Porque no se compran una caja de chocolates diaria: están seguros de que en los días posteriores la balanza no les perdonará el exceso.

Pero no me malentiendas. La idea no es tener una vida yogurt light para evitar riesgos, que son inherentes a la vida, sino poder decirte ante situaciones potencialmente tóxicas: "no están dadas las condiciones para que esto termine bien", "no manejo mis sentimientos y puedo sufrir", o "esta persona/relación me daña ¿y así y todo continúo?..." para no engañarnos. Porque de nada vale que luego nos horroricemos por lo que resultó mal. Después de todo, cada ínfimo paso que damos es una ocasión tanto para avanzar como para retroceder y evitar lo que no queremos.

Sociedades deprimidas

Angustia, insomnio, irritabilidad, abuso de alcohol o de drogas, lícitas o ilegales, padecimientos físicos difusos... No todas las depresiones cursan con llanto y desolación. A veces afloran enmascaradas.

No todas las depresiones cursan con tristeza, llanto y desolación. A veces afloran enmascaradas.

El estrés, el que cada vez estemos más aislados y el alejamiento de la religión –que hasta hace unas décadas paliaba el vacío existencial y los dolores del mundo–, entre otros, nos han dejado tristes, solos, sin esperanza.

Desamparados, sufrientes y sin una salida cómoda a la vista, nos aturdimos con emociones y sensaciones lo suficientemente intensas como para no pensar.

Por eso la sobrecarga de actividades, el abuso tecnológico, los deportes de riesgo, el sexo casual, las pastillas con fines recreativos, las salidas nocturnas y los malotes son cada vez más utilizados como estimulantes contra el abatimiento. O como anestesia contra el dolor.

Los chicos malos son cada vez más utilizados como estimulantes contra el abatimiento o como anestesia contra el dolor.

De ahí que las mujeres deban reconocer sus distintos estados de ánimo para que no influyan en sus decisiones amorosas.

El feminismo actual infantiliza

Un movimiento que no evoluciona, que no responde a las necesidades más acuciantes, involuciona. Y el feminismo parece estar haciéndolo, a vistas del adormecimiento que padece. Salvo cuando se despierta sobresaltado para atacar a los hombres. ¿No sería bueno entender por qué las mujeres entablan relaciones nocivas?

Porque abundan las charlas, las marchas y los eventos para crear conciencia. Las horas de televisión en torno a casos resonantes son numerosas y la cobertura de los medios no ceja. Y aun así, el maltrato hacia la mujer persiste.

Que las actuales campañas contra el maltrato no sirven no lo digo yo, lo dice todos los días la sección Policiales. La violencia hacia la mujer, que debería haber disminuido, no sólo no lo hizo sino que además va en alarmante aumento. Por tanto, hay que intentar otra cosa.

Las campañas actuales contra el maltrato hacia la mujer no sirven. La prueba es que la violencia, que debería haber disminuido, va en alarmante aumento.

No obstante, se insiste en hacer más y más de lo mismo, en lugar de hacerlo mejor. Porque mejor requiere ir al hueso, al origen de la violencia. Y, como no lo hacemos, sube y seguirá subiendo hasta que hagamos algo distinto.

El feminismo debería poder contribuir, dado que el bienestar de la mujer es el fin de su existencia. Pero hoy parece vaciado de contenido abocado como está a temas menores. ¿O no lo has visto pedir que las mujeres puedan mostrar los pezones sin ser penadas por la ley?

¿Y cuál es el sentido de protestar desnudas contra una visita del presidente Putin, contra las corridas de toro, contra la corrupción y demás causas que nos pueden afectar como ciudadanos pero no en nuestra condición de mujer?

¿Será que estamos usando el cuerpo para llamar la atención de los medios? Antes nos quejábamos de que los hombres utilizaban el desnudo femenino para paliar su pobreza creativa a la hora de promover productos... ¿Acaso padecemos la misma pobreza? No lo creo. Pero como ellos, insistimos en el camino fácil.

> **Antes nos quejábamos de que los hombres
> utilizaban el desnudo femenino para paliar
> su pobreza creativa a la hora de promover
> productos... ¿Acaso padecemos la misma pobreza?**

Y cuando el neofeminismo reclama por cuestiones que sí nos afligen directamente lo hace como odiador de los hombres, cuando el feminismo de Simone de Beauvoir, al que adhiero, no responsabilizaba a los hombres por nuestra situación. Hacía cargo a la educación... Y no olvidaba que a los hijos todavía los formamos nosotras.

Aquel feminismo se dirigía a las mujeres. Se ocupaba de cambiar a las mujeres. Nos alentaba a tomar las riendas de nuestras vidas. No esperaba, como el cómodo pseudofeminismo de hoy, que cambiaran los hombres. Porque nuestro bienestar no podía depender de ellos.

No digo que no esté bien protestar y exigir. Pero asumamos nuestra parte. Porque hacer cargo enteramente a los hombres nos mantiene inmaduras, nos aniña. Aunque hasta los niños asumen responsabilidades acordes a su edad. Aceptemos, pues, que las mujeres nos aferramos con uñas y dientes a vínculos patológicos y luego esperamos que sólo ellos cambien.

Creencias que dañan

Finalmente, otro condicionante cultural que facilita que la mujer participe de vínculos nocivos como nunca antes, está conformado por las creencias en boga, que son una serie de consideraciones sobre el mundo que nos suavizan o nos dificultan la vida. Por eso, la idea de que el amor hace sufrir, que en cuestiones del corazón no se elige, y que cualquier apego es amor, causan estragos sentimentales.

Y pensar que cualquier mujer puede ser víctima de un malote es otro error que las mujeres pagan caro. Porque la realidad es que no todas se quedan luego de un desprecio, un trato indiferente o un insulto. Y no todas justifican o perdonan al hombre nocivo, por más enamoradas que estén.

Hay que dejarles saber a las mujeres atrapadas en relaciones destructivas que las que salen no lo logran porque despejaron sus dudas, o porque hayan dejado de desear o de sentir apego por el hombre, sino porque aceptan que el daño que él produce es mayor que el placer que brinda.

Que la sociedad pueda asumir que algunas mujeres están más en peligro que otras es lo que permitirá a las primeras empoderarse con las herramientas que protegen a las demás.

Después de todo, un malote es como un delincuente al acecho. Por peligroso que sea, perpetrará o inhibirá la agresión según camine junto a una mujer menuda, de apariencia débil y andar distraído, o detrás de una mujer que parece prevenida o dispuesta a huir. Porque siempre van tras la presa menos complicada. Por eso, cuanto más fuerte sea la mujer y sus vínculos cercanos, menos probable será que caiga en las garras de un hombre inconveniente.

Cuanto más fuerte sea la mujer, menos probable será que caiga en las garras de un hombre inconveniente.

Capítulo 4
El príncipe azul nunca conquistó a nadie

Siempre se ha dicho –y siempre creímos– que las mujeres esperábamos un príncipe azul porque, por una cuestión de género, nos identificábamos con la protagonista de los cuentos infantiles.

Lo que no se tuvo en cuenta es que no nos estábamos identificando con mujeres en situaciones normales sino con doncellas en apuros.

Cuando no era la bruja que la envenenó, era la madrastra que la tenía de fregona, el hechizo que la mantenía hacía un siglo durmiendo, o estaba atrapada en una torre. Hasta que llegaba el príncipe salvador para ponerle fin a sus males.

Se nos acostumbró a ver este salvataje como algo romántico, pero el sentimiento lógico ante cualquier auxilio es el agradecimiento. Así que no era amor lo que provocaba el príncipe bombero asociado a la solución de nuestros problemas. Era agradecimiento.

Y no ocurre sólo en la ficción. Porque aunque afirmen lo contrario, son muchas las mujeres que esperan inconscientemente que un hombre las rescate de la soledad, de una familia disfuncional o de sus penurias económicas, que sueñan con el buen príncipe mientras en la realidad su deseo circula por la calle de los chicos malos.

El príncipe azul representa la solución a nuestros problemas, con lo cual el deseo erótico puede quedar vacante.

Pero volviendo a los cuentos, justamente hay uno actualmente en cine y en teatro, que de algún modo plasma estas contradicciones femeninas, "La bella y la bestia". El co-protagónico lo ocupa una especie de hombre-animal que busca venganza hasta que el amor lo transforma en príncipe, lo que robustece la fantasía femenina de "domesticar" a un malo a fuerza de afecto es posible).

Y hay otra cosa interesante. Cuando, irritado por el hurto de una rosa de su jardín, el hombre–bestia le dice al padre de Bella que si la destinataria de la flor no acude a él lo mata, la hija del sentenciado puede optar por no ir. De hecho, él intenta disuadirla. Pero ella va.

Lo hace con una justificación atendible: evitar la muerte de su padre. Sin embargo, al concluir el tiempo convenido para permanecer con la bestia, nada la obliga a casarse con él. Y aun así, sin mediar ya presión alguna, ella acepta unírsele en matrimonio.

Esta es la única historia para niños en la que la mujer abandona el rol pasivo de ser rescatada/elegida por el príncipe para pasar a un rol activo, que lamentablemente es ir hacia el peligro y permanecer en él.

Como sucede con las personas reales, probablemente Bella padece el Síndrome de Estocolmo que la liga afectivamente a su carcelero. Que él pensase matar a su padre por una nimiedad no parece contar para ella, como no cuentan para muchas mujeres las conductas masculinas que deberían ponerlas sobre aviso.

Muchas mujeres sobredimensionan detalles positivos banales del hombre y minimizan las conductas graves que deberían ponerlas en alerta.

Un clásico

Pero aun cuando la chica elija al "príncipe", como Cathy eligió al rico y correcto Linton por sobre el salvaje Heathcliff en *Cumbres Borrascosas*, esto no quiere decir que necesariamente la mujer haya cortado el lazo emocional con el chico malo.

"Todos mis dolores en este mundo –confiesa Cathy, próxima a casarse– han consistido en los dolores que ha sufrido Heathcliff y los he seguido paso a paso desde que empezaron. El pensar en él llena toda mi vida. Si el mundo desapareciera y él se salvara, yo seguiría viviendo, pero si desapareciera él y lo demás continuara igual, yo no podría vivir".

Como ves, tampoco en los clásicos –*Madame Bovary* es otro ejemplo– el príncipe azul, que tanto parecen buscar las mujeres, lleva las de ganar.

La diferencia con aquellas heroínas de siglos anteriores es que la mujer de hoy se vincula a los hombres dañosos sin conflictos internos, sin reparos y sin pensar en el después… Y que lo hace en más de una ocasión. A tal punto que muchas mujeres no conocen otra forma de relacionarse. Por eso suelo decir que tropezar una y otra vez con la misma piedra se ha convertido en el deporte de Occidente.

La mujer actual participa de vínculos nocivos en más de una ocasión. Al punto de que muchas mujeres no conocen otra forma de relacionarse.

Pero a nadie le gusta caerse y lastimarse sobre lo ya lastimado… por tanto, no ocurre por elección. Ocurre porque en numerosas ocasiones somos rehenes de un patrón inconsciente que no se condice con nuestras intenciones conscientes.

El rey de los chicos malos

Siguiendo con los clásicos, de la tríada de monstruos creados por las grandes plumas, Frankenstein quedó en el camino, al igual que el Hombre Lobo. Pero por alguna razón Drácula sobrevivió.

Y no sólo eso. En el comienzo del siglo XXI sintomáticamente los vampiros inundaron las pantallas del cine y la TV. Dejaron de esconderse, se integraron a la sociedad, se enamoran... Estrambótico giro si tenemos en cuenta que el original huía de la luz, era incapaz de amar y era medularmente desalmado.

Pero ya Francis Ford Coppola había construido un Drácula más sensible al proporcionarle en su film un pasado doloroso y el anhelo romántico de recuperar a su amada perdida.

Suavizar al monstruo, justificar su crueldad, insuflarle romanticismo a una historia de terror... El cine no actuó diferente a como lo hacen los hombres peligrosos para conquistar y a como escogen verlos algunas mujeres.

Drácula las visita o las atrae telepáticamente y ellas ya no pueden pensar ni decidir por sí mismas. Aunque lo conozcan poco, aunque él no proceda bien, aunque sangren por él.

Porque, como todo chico malo, las tiene hipnotizadas... lo cual sería una gran explicación si no fuese porque los expertos coinciden en que ni el estado hipnótico nos puede obligar a hacer lo que no queremos. Así pues, nunca dejamos de ser responsables de nuestros actos.

Ni el estado hipnótico nos puede obligar a hacer lo que no queremos. Así pues, nunca dejamos de ser responsables de nuestros actos.

Que la hipnosis solo produzca efecto en aquellas personas que desean ser hipnotizadas es comparable al seductor nocivo. Porque por admirable que sea su poder de seducción éste tampoco es universal. Tratemos, pues, de que las candidatas sean cada vez menos.

Esa admiración general por los que rompen las reglas

Sabiendo que hace años me ocupo de los chicos malos, uno de mis lectores me pide que escriba sobre el mensaje tóxico que transmite la serie americana *Two and a half men*.

"Los personajes —me avisa— dejan a la gente buena y honesta que quiere hacer el bien, representada por Alan, como tonta. Mientras que el mujeriego Charlie es el inteligente y el preferido de las chicas".

Pero Charlie no es el único malo que la TV coronó con una audiencia asombrosa a nivel mundial. Luego de ocho temporadas, en 2012 *Dr. House* ingresó al Guinness de los records por haber cosechado 81,8 millones de espectadores que, lejos de despreciarlo, adoraban su maldad.

Porque debajo de sus ropas de médico brillante, House era un ser oscuro. Que debió despertar rechazo aunque más no fuere por empatía hacia los malheridos que dejaba con su trato. No sucedió.

House era un ser oscuro. Que debió despertar rechazo aunque más no fuere por empatía hacia los malheridos que dejaba con su trato. No sucedió.

Y eso que el Dr. disfrutaba separando a las personas, minando su fe, –cuando en ocasiones es lo único que se tiene para seguir viviendo–, burlándose de los flancos débiles de los otros y dinamitando la dignidad.

Imagino que el gancho de la serie para muchos espectadores pudo haber sido encontrar respuestas en algún momento. ¿Alguna vez comprenderá House el daño que les provoca a los que lo quieren? ¿Por qué alguien actúa así? Porque un ser humano sin compasión entraña un gran misterio y un gran peligro. Temor justificado, por cierto.

Un ser humano sin compasión entraña
un gran misterio y un gran peligro.
Temor justificado, por cierto.

Concluyo, por tanto, que lo que captó multitudes es el enigma que el personaje plantea como persona, ya que es tan o más misterioso que las infrecuentes enfermedades que investiga.

Es que de manera tangencial nos interroga acerca de lo humano: ¿Qué lo hace tan cruel? ¿Será que algún acontecimiento lo marcó? ¿Puede alguien volverse malo? ¿Cambiará? ¿Por qué su entorno tolera ser maltratado?

En ese sentido, las fabulosas audiencias de estas series se deben también a que estos personajes hablan de nosotros. De lo que somos, en un mundo que perdió los valores éticos, o lo más frecuente, de lo que en mayor o menor medida quisiéramos ser. Por eso fascinan.

Estos personajes de alguna forma
hablan de nosotros. De lo que en mayor
o menor medida quisiéramos ser.

Es como si al mirarlas nuestro inconsciente evaluara: ¿Necesitaré una personalidad más fuerte? ¿Más firme? ¿Despreocuparme por el qué dirán, como House?

"Yo quiero ser como él –comenta un seguidor de la serie–. Un ser lógico, sin emociones, que logra evadir su dolor físico y emocional. Muero por volverme como él… ¿Lo lograré?".

Es entendible. Cuando la gente siente, sufre. Y a nadie le gusta sufrir. El problema es que quienes no sienten causan mucho daño.

"Lloré –dice una joven en un foro– porque por primera vez en seis temporadas House mostró que es un ser sensible". Ella lo salva aun cuando ni el propio creador del personaje lo hace. "House no es buena persona –dijo el guionista–. No tiene un corazón de oro bajo su superficie fría y cáustica".

Pero las mujeres somos expertas en confundir deseos con realidad, en aferrarnos al menor gesto de humanidad para redimir al hombre que nos destroza y en agregarle romanticismo a la insensibilidad.

Capítulo 5
La mujer como emergente de una sociedad que ama a los malos

¿El hombre nace o se hace malo? Cinco temporadas le llevó a Vince Gilligan, creador de *Breaking Bad*, desplegar su postura. Porque aunque el título de la serie hubiera bastado, prefirió explayarse a través de la lenta metamorfosis de un apacible profesor de Química a un rudo fabricante de drogas... que es como decir que en algunas situaciones, paulatinamente, y en interacción constante con personas oscuras, a cualquiera se le pueden desintegrar los escrúpulos.

Es la posición del psicólogo Philip Zimbardo en su libro *El efecto Lucifer: entendiendo cómo la gente buena se vuelve mala*. En él grafica que si colocamos buenas manzanas en una mala situación obtendremos malas manzanas.

Claro que para poder perder los escrúpulos es necesario haberlos tenido. Vale decir, es menester haber interiorizado, de modo eficaz, las normas sociales que se incorporan en la niñez. ¿De qué modo? Mediante la socialización que deben realizar los padres por el bien común y del niño, que luego complementa el Estado y, en el caso de los creyentes, la religión. Pero hoy la familia está en crisis, la escuela está en crisis, la religión está devaluada y las normas no cotizan.

> **Los padres son los formadores más influyentes y los encargados de inculcar a los nuevos miembros de la sociedad las reglas de convivencia que rigen al conjunto.**

Sin embargo, si esas normas han sobrevivido generación tras generación es porque tienen su razón de ser. Porque sirven para discernir lo correcto de lo incorrecto en pos de una sana convivencia. Y, por consiguiente, conducen al respeto por el otro, que es tan importante como la libertad individual, por mucho que a los narcisistas de hoy les fastidie.

**El respeto por los demás es tan importante
como la libertad propia, por mucho que
al narcisismo actual le fastidie.**

Sin normas ni ley, cada uno haría lo que le viniera en ganas. Un automovilista podría matar a otro por en una pelea de tránsito, los graffiteros podrían destruir fachadas que no les pertenecen, o podríamos golpear a profesores o médicos cuando no actúan como deseamos... Espera, espera... Todo esto ya ocurre.

Sobre la importancia de volver a respetar al otro

Cuando no se inculcan límites o estos se transmiten deficientemente, los individuos resultantes se sienten por encima de la ley. Se entregan a las demandas del Ello, a su parte oscura, violenta, a la egoísta e insaciable búsqueda de todo lo que les proporcione placer y provecho personal, o les facilite la rápida descarga de tensiones.

Afortunadamente, la mayoría de las personas tuvo formación en valores y aun conseguimos interactuar de manera civilizada. Pero para quien no recibió en la niñez los códigos que organizan a una sociedad, poco está prohibido.

Pero es común que el atropello a las normas –que siempre perjudica a alguien, cuando no a muchos– logre apoyo popular. Lo peculiar es que ya no reconozcamos los maltratos de los que como individuos o como conjunto somos objeto, y que cuando lo hacemos, lo más seguro es que sintamos impotencia.

Se ha constituido en un grave problema el que ya no logremos reconocer ni frenar los abusos de los que, como individuos y como conjunto, somos objeto.

Los buenos no marcan tendencia

Cruzo en la calle a un joven de unos treinta años. Me digo "otro más". Es que por estos días aun acapara la atención mediática un joven, apellidado Fariña, por denunciar una corrupción de la que él mismo formó parte. Pero no he tomado nota de cuándo comencé a ver su estilo –barbita, cabello tirante y rodete– reflejado en algunos transeúntes.

¿Sus copias urbanas estarían identificándose con el chico bueno que por conveniencia legal él pasó a ser? No lo creo. Lo más probable es que busquen parecérsele por su personalidad. Porque es un enorme estratega, tiene una inteligencia destacada y una destreza verbal poco frecuente. Pero como estas características suyas no son imitables, es factible que algunos reproduzcan su look porque es lo único que pueden calcar de él.

Otro punto interesante es que este joven habla de los demás implicados como si existiese una diferencia ética abismal entre ellos. ¿Es posible?

El psicólogo canadiense Albert Bandura llama desconexión moral a la capacidad de los seres humanos para conectarnos y desconectarnos de las normas sociales. Sería como si dispusiésemos de un interruptor capaz de apagar nuéstra conciencia cuando perturba para volverla a encender después.

Esto es lo que hace que algunos individuos parezcan oscilar entre conductas condenables y otras que no lo son. Y es lo que en menor medida ocurre en algunas relaciones que llamaría "amorosas", si no fuese porque de amor tienen poco.

En ellas, los hombres hablan lindo pero sus comportamientos hacen sufrir a las mujeres. Considerando que la conducta es también información... ¿Qué crees? ¿Cuál de los dos mensajes privilegia la mujer en una relación tóxica?

Algunas mujeres evalúan de manera positiva al hombre por algunas palabras o actitudes cuando su conducta total dice otra cosa.

Los villanos les ganaron a los superhéroes

Ya vimos que jóvenes y adultos suelen sucumbir a las personas nocivas. ¿Y qué hay de los peques? ¿Al menos ellos sienten alguna aversión por los malos?

La película *Mi Villano Favorito* y su secuela, dirigidas al público infantil, fueron éxito en el mundo. Pero esta elección no se circunscribe sólo a la ficción.

El artículo *Anti–héroes y villanos de las novelas son los modelos a seguir de niños colombianos*[1] muestra que en algunos lugares se torcieron a tal punto las cosas que hoy los chicos ya no quieren ser como Batman, Superman y otros defensores de

---

1 http://serlider.co/video–de–ninos–admiradores–de–el–capo–aviva–polemica–sobre–narco–novelas–en–el–pais/

la humanidad sino como los traficantes que ven en las narcono-
velas. Que abusan, humillan y matan.

Otro informe sobre el narcotráfico en la ciudad de Rosario
reveló que algunas niñas aspiran a ser novias de los "soldaditos".
Léase, de los chicos entre doce y dieciséis años que los bunkers
de drogas usan "para hacer delivery, vigilar y tirotearse"[2]. Como
verás, toda la sociedad parece contaminada por la idolatría a los
peores ejemplos.

Los fans club de los malos

Leo *Cada vez más sitios convocan a 'admiradores' de asesinos famosos*[3]. Busco en Facebook el nombre "Yiya Murano",
condenada por envenenar a sus amigas, y efectivamente apare-
cen 78 sitios, entre páginas y perfiles de la red social.

Una de esas páginas propone: "juntos ayudemos a recuperar a un psicópata, a un degenerado o a un asesino". He ahí
otra explicación de nuestro gusto por las personas de las que
nos deberíamos alejar. El deseo de cambiarlas.

**El deseo de cambiar a alguien que daña es otro
de los motivos que explican la atracción por las
personas de las que nos deberíamos alejar.**

Pero lamentablemente, ni el amor ni el voluntarismo ni la
atención psicológica resultan útiles con los grandes transgreso-
res de la ley. Porque es imposible suplir la socialización que faltó

---

2 De "Los chicos de la droga", *Clarín*, 8 de setiembre, 2013.

3 http://www.eldia.com.ar/edis/20121223/Cada–vez–mas–sitios–convocan–
admiradores–asesinos–famosos–informaciongeneral6.htm

en la infancia. Por tanto, la empatía y el respeto por el otro no tienen ni tendrán lugar.

Igual, la mentada envenenadora tiene suerte. Luego de casi cuatro décadas, aun sigue generando tanto interés que en 2016 se convirtió en un espectáculo musical que lleva su nombre, *Yiya*. Y un año antes se estrenó, con enorme éxito, un film y una serie sobre el clan Puccio, familia que en los '80 secuestró y mató a empresarios en su casa. *El Clan: la siniestra familia que fascina a Argentina*, publicó la BBC, a propósito de estas ficciones.

Este rescate casi simultáneo de historias reales de horror para crear obras artísticas pudo responder a una necesidad social de entender la maldad humana, y de tener al mal identificado, aislado, vencido, en momentos de gran confusión e incertidumbre política. Porque nos angustia no tener claro dónde está el mal, cómo podemos evitarlo o sustraernos de él, y en qué medida nos representa.

Nos resulta terriblemente angustiante no tener claro dónde está el mal, cómo podemos evitarlo o sustraernos de él, y en qué medida nos representa.

El secreto de los malos

Donald Trump realizó su campaña para la presidencia del país más poderoso del mundo con un discurso que excede lo políticamente incorrecto.

En sus declaraciones exhibió sin filtros su ira y su exacerbada misoginia, insultó sin pausas, se mofó de un reportero discapacitado, trató de débiles a los veteranos de guerra por no poder manejar las secuelas, y apiló tantas afirmaciones que podían indignar al votante latino que nadie creyó que pudiese ganar. Pero ganó. El bullying ganó.

Y aun cuando llamó *cerdas* a las mujeres, aun cuando dijo de una presentadora que su fealdad era ofensiva, aun cuando sostuvo que si Ivanka no fuese su hija quizás estaría saliendo con ella, el 53% de mujeres blancas lo eligió a él por sobre Hillary Clinton, de su propio sexo.

Su triunfo escandalizó al mundo pero era esperable. Porque las personalidades egocéntricas, aparentemente seguras y de escasa empatía, por lo general hacen lo que quieren. Sobre todo si consiguen tocar algún deseo solapado. Y él lo tocó, cuando apeló a las ansias de los americanos de alejarse de la globalización y el multiculturalismo.

Qué mejor prueba que él para aceptar que el respaldo a los chicos malos no es patrimonio exclusivo de las mujeres ni se reduce a las relaciones románticas. Porque no sólo nosotras los premiamos. Toda la sociedad lo hace.

No importa cuánto los critique, la sociedad siente una enorme atracción visual y psicológica por aquellos que se mueven sin ética, por los que fustigan a otros para salirse con la suya, por los que desprecian los límites que detienen al resto.

La sociedad siente una enorme atracción por quienes se mueven sin ética, por los que fustigan a otros para salirse con la suya, por los que desprecian los límites.

Sin embargo la mujer se ha convertido, en la última década, en el emergente más visible de esta atracción fatal.

Finalizando el capítulo debo aclarar que no todos los hombres por los que sufrimos son psicópatas o sociópatas como los que incorporé en este capítulo. Pero incluí estos casos famosos porque en ellos es mucho más fácil observar el daño y el magnetismo que provocan.

¿Qué hace que se adore a los seres menos compasivos? Fundamentalmente, que no se reprimen. Que no miden costos. Ellos ponen en acto lo que la mayoría sólo fantasea. Y salvo excepciones, que lo logran sin consecuencias negativas para sí mismos.

Su costumbre de decir y hacer lo que les place, de perseguir su propio beneficio a como dé lugar y de herir sin remordimientos, es admirada por quienes viven pendientes del qué dirán, por los buscadores de aprobación y por los que se sienten culpables hasta de existir.

Es esa libertad de acción del malo la que enamora... Y la facilidad con que lo consigue. Aunque actualmente la anomia y la pérdida de respeto por el prójimo ya no sea la excepción y se haya vuelto dolorosamente común.

Es la libertad de acción del malo la que enamora... Y la facilidad con que lo consigue.

Capítulo 6
Novias del peligro

Las primeras palabras de Eleonora al conocernos fueron que si mi idea iba a ser que abandonara a su novio lo que abandonaría sería la terapia. Y que ya se había alejado de su única amiga por no respetarle la decisión de seguir con él.

Le habían hablado de mi trabajo y de mi énfasis en que no podemos cambiar a los demás pero podemos cambiar nosotros, lo cual permite sanar los vínculos. "Es justo lo que busco —indicó—. Cambiar yo para mejorar la relación".

No podemos cambiar a los demás pero podemos cambiar nosotros, lo cual permite sanar los vínculos.

Le expliqué que la frase tenía sus excepciones, pero que en mi consultorio las decisiones —entre ellas, la de abandonar o no a una pareja— son siempre del paciente, no mías.

—Estoy en la facultad —siguió entonces— y empieza a mandarme mensajitos. Le respondo alguno pero no enseguida, porque si no, no me deja escuchar la clase… Y me lo hace todos los días, a cada rato. Cuando estoy en el trabajo también. Encima después me tengo que aguantar sus enojos y tooodo el pregunterío… que por qué demoré en contestar, qué era lo tan importante que estaba haciendo, que con quién estaba, que si había algún hombre en el grupo…

—Te molesta pero le respondés… ¿Por qué?

—Es que si no la sigue… y no la corta más…

—Pasándole el parte de cada movimiento tuyo la corta menos...

—Porque me diría que me pongo a la defensiva si no lo hago. Me preguntaría qué tengo que esconder, que por qué no le puedo responder. Me dice: "es simple la pregunta... No entiendo por qué tantas vueltas".

—"Y lo que yo no entiendo es la insistencia en tener que rendirte cuentas de lo que hago... ¿no me confías en mí? Porque la confianza es la base de una relación", contesto ofreciéndole una opción asertiva.

—"Bueno, Eleonora, diría él, parece que la estás queriendo estropear".

—"No. Lo que estoy queriendo decirte es que esto no es sano... Que así como vamos no nos hace bien a ninguno de los dos...". ¿Ves que en estas respuestas no estás entrando en el juego de explicarle qué hacías? Y a la vez le estás poniendo un límite.

—Pero ya casi estamos al borde de que me corte el teléfono...

—¿Y cuál es el problema?

—Que él se pone muy nervioso y se enoja y yo trato de evitarlo...

—¿Por qué? ¿Qué puede pasar si se enoja?

—No atenderme nunca más... Porque se enoja y le dura todo el día.

—Entonces no es que no te atiende "nunca más". No te atiende en todo el día. ¿Y no aguantas eso? ¿Un día sin llamarse?

—La verdad que no.

—¿Cuál es el problema con continuar con tu vida hasta que se le pase?

—Es que la ansiedad me mata...

—Tendremos que comenzar por trabajar la ansiedad, entonces.

Un año después, ya no estaba aislada ni dependía emocionalmente de su novio. Había hecho amistades, se animó a una nueva actividad laboral, se vinculaba con su pareja de un modo más sano... y conoció a otro chico que la trataba bien sin esfuerzos. Acorde a su nuevo nivel de autoestima y de autoprotección.

Y conoció a otro chico que la trataba bien sin esfuerzos.

Aprender de lo que ya no queremos más

Recuerdo el día en que Meli y Xavier me pidieron amistad en Facebook porque las solicitudes llegaron juntas y Meli me escribió enseguida. Me contó que le había gustado mucho cómo hablé en un programa sobre el amor sano, que le comentó de mi libro a Xavier y él se lo regaló.

Eran amigos. Aunque él quería dejar de serlo. Pero pese a que él era buena persona ella rehusaba esa posibilidad. Hasta que cambió de opinión.

"Al principio Xavier no me gustaba porque era más grande —me explicará tiempo después—. Pero también porque seguía medio enganchada con mi última historia. Ni me imaginé que hoy íbamos a estar en pareja y conviviendo.

"Yo venía de relaciones difíciles... Mi primer novio me golpeaba. Yo era muy chica, tenía 13. Y como todas las mujeres golpeadas, no lo decía. Después estuve unos cuatro años con otro chico muy celoso. Había ropa que no me dejaba usar y olvídate de tener amigos varones. Pero me engañó y ahí nos separamos. Después tuve una relación medio corta... hasta que me enteré que se drogaba y ahí dije "basta".

**Mi primer novio me golpeaba. El que
siguió era muy celoso. Después tuve uno
que se drogaba y ahí dije "basta".**

"En cambio Xavier es un ángel. Es bueno, compañero, me hace reír, me aconseja. Le puedo contar lo que sea... Para mi cumple me regaló un DVD con fotos de toda mi vida y videítos de familiares y amigos hablando. ¡Casi me muero!".

No hace mucho Meli fue mamá. Y estoy absolutamente segura de que podrá darle mucho amor a su hijito porque antes se lo pudo dar a sí misma permitiéndose un buen compañero como Xavier.

Mi idea era irlo envenenando de a poco...

Norma dice que el fin de semana lo pasó muy mal por una pelea con el hijo que siempre le está trayendo problemas "porque quiere conocer al padre y no puede".

No es que no quiera decirle quién es sino que ella tampoco lo sabe. Es que intimó con desconocidos. Como el esposo vivía acusándola de engañarlo, "en venganza" ella comenzó a verse con otros. Pero cuando se lo dijo él no le creyó. Y entonces, para probárselo, se hizo embarazar.

—Después entendí —dice— que me ponía rejas pero él se daba toda la libertad. Y me encerraba a mí para que no lo viera... Me negaba en la cara, Nanci, cosas que yo misma había visto...

—¿También te golpeaba?

—No mucho... Pero a veces me metía una trompada porque sí. Y vamos a ser justos... no me daba palizas que me dejaban toda rota...

—No pasa por si terminas o no en un hospital. La violencia es violencia, no importa el grado, y las secuelas son las mismas: daño a la autoestima, vergüenza...

La violencia es violencia, independientemente del grado de agresión.

—Y sí... Yo no quería salir a la calle después...

—¿Por qué no te ibas?

—Porque siempre me amenazaba. Decía que me podía sacar a los nenes... Y como lo conocí de chica y no sabía, le creía. Además estaba sola porque mi familia cortó la relación conmigo cuando me fui con él... Yo me empeciné y me dijeron: "Si te vas, te las arreglas sola", y así fue. Él me separó de todos. Me dijo que mi familia no quería verme y yo creí que era verdad...

—Es que con una mujer aislada es todo más fácil para el hombre violento. No hay nadie que te abra los ojos, nadie a quién recurrir...

El maltratador aísla a la mujer para que nadie le abra los ojos.

—¿Sabes que pese a todo yo nunca creía que era él el problema? Me echaba la culpa yo. Para mí yo era la culpable de todo. Pero en un momento creí que no podía más... Mi idea era envenenarlo de a poco al hijo de puta. Y lo empecé a hacer... Le ponía un poquito todos los días en la comida. Pero me salió mal porque un día vino la madre y se la comió. Y ahí abandoné.

—Pudiste detenerte a tiempo... ver que había otras formas, no cruentas, de separarte de él...

—Yo muchas veces evité pelear delante de los chicos, pero un día empezó a amenazar con que nos quería matar a todos. Tenía un revolver debajo de la almohada. Entonces le dije "Vamos, acá estoy". Y como un vecino se metió en el medio él agarró una cuchilla y se empezó a cortar, y ahí dije "basta". Porque le había arruinado la vida a mucha gente, Nanci... No solo las nuestras... Ahí fue que me presenté a declarar y les dije todo...

Habrás visto que tanto Meli como Norma pasaron por mucho dolor. Pero un día se cansaron y dijeron "Basta". Que es la contraseña que te permite acceder a los recursos que necesitas para ponerle fin al sufrimiento.

"Basta" es la palabra que nos pone en camino a las soluciones que nos permitirán ponerle fin al sufrimiento.

Cuando el recluso destrona al príncipe azul

El odontólogo Ricardo Barreda asesinó a su esposa, a sus dos hijas y a su suegra porque, según dijo, era objeto de agresión verbal por parte de las mismas.

Los que siguen son comentarios que se pueden leer en uno de los perfiles de Facebook que llevan su nombre. "Amo a este hombre. Barreda no es un asesino. Se hartó", "Cuánto te humillaron, ¡cuánto daño te hicieron!", "Yo también tengo un Barreda dentro mío, Dios te proteja".

Estas palabras provienen de mujeres que empatizan con el hombre maltratado y débil que supuestamente era Barreda. Y digo "supuestamente" porque sólo tenemos sus dichos. Los hechos son que, luego de la matanza, ese mismo día fue a un hotel alojamiento con la amante.

Pero su club de admiradoras no es solo virtual. En 2015 Yolanda García fue noticia porque se ofreció a acogerlo en su casa para que le permitiesen salir de la cárcel... adonde había vuelto porque el vínculo con su última mujer se había tornado "peligroso y con riesgo inminente".

El 14 de febrero de 2013, día de los enamorados, Edith Casas se casó con el hombre al que habían condenado a 13 años de prisión por el asesinato de Johana Casas, su gemela. Según los informativos, Edith concurría a las movilizaciones para reclamar por la muerte de su hermana mientras visitaba al acusado en prisión.

El criminalista francés Edmond Locard denominó Enclitofilia –una parafilia– a la atracción erótica que despiertan los asesinos, delincuentes o presos.

Edmond Locard denominó Enclitofilia –una parafilia– a la atracción erótica que despiertan los asesinos, delincuentes o presos.

Gustavo Hazan, ex productor del programa *Cárceles*, habló en alguna ocasión del entusiasmo que desataba el segmento de reclusos que buscaban pareja. Contaba que, al día siguiente, ingresaban unos cincuenta mails por reo y que las postulantes los iban a visitar.

"A Fabián Tablado le llegaban las cartas de amor en carretilla", dijo Robledo Puch, asesino también, del joven que mató a su novia de 113 puñaladas. Graficó así el volumen de los envíos destinados al hombre que diecisiete años después volvió a ser condenado por amenazar de muerte a la madre de sus hijas, a quien había conocido estando en prisión.

"¡Nuevo prisionero!", anuncia una página para solos de EE.UU., capitalizando la buena recepción de la que gozan. Aunque las noticias se cansen de mostrar una y otra vez que unirse a un hombre violento nunca termina bien.

Capítulo 7
¿Qué hace a los chicos malos distintos?

Aunque muchas mujeres excusan sus errores sentimentales diciendo "cuando lo conocí yo no sabía cómo era él" o argumentando que "el amor es ciego", aunque un hombre intente esconder su lado oscuro y la mujer negarlo, tarde o temprano la verdad sale a la luz sin adornos y hay que decidir.

El amor no es ciego. Son nuestras defensas contra lo inaceptable del otro las que nos enceguecen para no tener que irnos.

Un motivo muy común que impulsa a muchas mujeres a permanecer con quien las daña es una "actitud positiva" mal orientada. El pensar "cuando se enamore de mí va a cambiar". "Cuando se dé cuenta de cuánto lo amo, me va a valorar". "Ya me va a querer".

Pero detrás de estas razones semi–conscientes existen otras, menos accesibles –sólo es posible abordarlas durante el proceso terapéutico–, como así también las características del hombre en cuestión.

Veamos qué tienen de especial los malos.

Chicos duros para ablandar

En un estudio de la Universidad de Columbia Británica, Canadá, 1000 adultos tasaron el atractivo de hombres y mujeres basándose en imágenes.

Se consideró la sonrisa, la actitud presuntuosa y la actitud melancólica exhibidas en fotos y resultó que las mujeres encontraron a los hombres engreídos, malhumorados y temperamentales significativamente más atractivos que los que sonríen, mientras que ellos eligieron mujeres sonrientes.

Las mujeres encuentran a los hombres engreídos, malhumorados y temperamentales significativamente más atractivos que los que sonríen.

¿Por qué los preferimos así? Jessica Tracy y Alec Beall, autores del estudio, argumentan que según las teorías evolutivas, a las mujeres les atraen los hombres que se pavonean porque esta actitud supone estatus, competencia y habilidad para defenderlas del peligro. Interpretaron también que, ante estas ventajas, los efectos secundarios de estos hombres pasarían a ser un mal menor.

Pero no comparto esta lectura porque se erige sobre una premisa falsa. Porque el que los hombres dispongan de habilidades físicas para proteger no quiere decir que les interese hacerlo. ¡Y las mujeres lo saben!

Saben que si hay algo que los chicos malos no hacen es proteger. Sin contar que la conclusión está viciada de prejuicios. Porque presume que todas las mujeres esperamos ser protegidas.

Un lobo entre ovejas

Además de la libido exacerbada y libertina, lo que distingue al hombre más nocivo es que, en un mundo de palomas, él es un ave rapaz. Puede construir poder desgarrando y provocando temor para dejar al contrincante fuera de juego.

Agresivo como pocos, quienes lo rodean pueden soportar sus abusos, desafiar su hegemonía, o sentirse deslumbrados con su poder y unírsele. La última opción es la que toman muchas mujeres.

Agresivo como pocos, quienes lo rodean pueden soportar sus abusos, desafiar su hegemonía, o sentirse deslumbrados con su poder y unírsele.

Y aunque la falta de sensibilidad de estos hombres para con los demás podría acobardar a la mujer precavida, la mujer promedio se figura que ella será la excepción. Tarde advertirá que con él no hay excepciones. Que sufrir el enorme dolor que él es capaz de causar era sólo una cuestión de tiempo.

Distribuidor de aventuras

El chico malo tiene hambre de riesgos, necesidad de experiencias, sed de aventuras. La novedad le resulta extremadamente excitante. Un vicio.

Y, como no conoce el temor ni la ansiedad ni la responsabilidad, nada lo detiene en la producción industrial de adrenalina. Pero tampoco la mujer quiere bajarse de la montaña rusa a la que él la sube.

Por eso, tampoco la descorazona que el malote sea imprevisible y manipulador, ya que no viviría algunas excitantes experiencias de no ser porque él la empuja a transitarlas.

Hasta que la situación se pone seria. Como le ocurrió a Romina, a quien su chico malo la dejó varada y sin documentos en otro país. Sólo entonces muchas mujeres reaccionan y buscan ayuda profesional. Enorme avance, considerando que el desamor y el maltrato suelen ser el costo que están dispuestas a pagar por una relación vertiginosa.

El desamor y el maltrato suelen ser el costo que están dispuestas a pagar por una relación vertiginosa.

Celos que abrigan

Para algunas mujeres las escenas de celos y el control que ejerce el hombre representan la posibilidad de obtener el amor, la cercanía emocional y la atención que necesitan. No perciben que es sólo un espejismo del verdadero amor, el cual implica respeto y confianza.

Pero como todas las féminas afectas a los chicos malos, ellas actúan bajo el software de su historia personal, que acota el repertorio de conductas y elecciones a opciones que las hacen sufrir. Al menos hasta que el auxilio psicológico les permita anexar opciones más satisfactorias.

Mientras tanto, creen compensar su necesidad de afecto, o el desinterés padecido en la última relación, con el acoso de un hombre posesivo. Y esto las pone en peligro. Porque ¿cómo romper con quien las nutre con su alarmante obsesión?

La ilusión de ocupar toda la mente y el deseo de ese hombre–verdugo cae cuando la mujer descubre que la exclusividad sexual que él espera de ella no es recíproca.

Pero aunque esta decepción podría alejarla de él, no pocas mujeres entran en una nueva trampa. La de considerarse el único y verdadero amor al que el egoísta siempre vuelve.

Muchas mujeres se aquerencian en la trampa de considerarse el único y verdadero amor al que el egoísta siempre vuelve.

La caricia esporádica como incentivo

No necesariamente del tipo *latin lover* que manda el cine, los malotes suelen ser seductores natos, depredadores sexuales que no necesitan prometer nada ni mentir *Te amos* para conseguir lo que quieren porque saben qué hacer y qué decir para impactar.

Porque el uso estratégico de las palabras es otro punto a favor de estos amantes que llevan a sus *partenaires* a la borrachera erótica y sentimental.

Amén de que en el marco rudo, casi salvaje, que es su comportamiento la mayoría de las veces, los chispazos románticos que puedan tener se potencian. Como una flor silvestre que brota en medio de una ruta áspera, parecen más admirables por ser hijos de la aridez.

El problema es que algunas mujeres no se resignan a esa flor aislada y se quedan aguardando a que el cemento asfáltico de su corazón se transforme en jardín.

El "privilegio" de ser su preferida

Deseosas de entregarse a un ser especial, único, algunas mujeres creen encontrar su tesoro en el chico malo, que se conduce como si la Tierra girara en torno suyo.

Con él la mujer sufre pero también se siente viva. Juzga que es un privilegio estar con él y cada momento compartido se le vuelve invaluable por su condición de irrepetible.

El chico malo actúa como si la tierra girara en torno suyo y ella juzga que es un privilegio estar con él.

Sin estos condimentos, estos seres promiscuos no calarían tan hondo. Pero buscar las razones del padecimiento femenino siempre afuera, es decir en los hombres, somete a la mujer a su verdugo una y otra vez, como si fuese inevitable.

Acostumbrada a buscar las razones de su sufrimiento siempre afuera, es decir en los hombres, ni él se corrige ni ella se salva.

La seducción de lo escaso

La seguridad personal, la capacidad asertiva y la determinación deslumbran porque escasean. Fascinan porque no se tienen. Enamoran porque se querrían para sí.

Pero es más fácil dar estos atributos por inalcanzables o "acceder" a ellos por proximidad –a través de la relación con un macho alfa, por ejemplo– que abocarse a cultivarlos.

No obstante, cada día alguien decide que ya no tiene que ser así, concluye que hay objetivos que valen el intento, decreta que la suerte ayuda a los que se la juegan, acciona con agallas y su vida cambia para siempre.

Muchos rasgos de los patanes fascinan porque se querrían para sí. Pero es más fácil "conquistar" al poseedor que abocarse a cultivarlos.

Capítulo 8
Sexo de alto voltaje

En el capítulo anterior te contaba que para algunos investigadores la preferencia por el chico malo puede ser un residuo ancestral ligado a los beneficios que reportaría su fuerza física. No concuerdo. Porque en la prehistoria campeaba la promiscuidad y los hijos se consideraban de todos, por lo que poco podía incidir si un hombre determinado era capaz o no de proteger y de conseguir alimentos para la mujer y sus vástagos.

No obstante, es posible que haya un componente atávico que favorezca sustancialmente esta predilección femenina y que nunca se menciona.

Y es que en el arranque del mundo la procreación sí importaba, porque se necesitaba poblarlo. Y considerando que el malote parece hecho para el sexo, este podría haber sido un modo seguro de conseguirlo.

Los chicos malos parecen hechos para el sexo, por lo que pueden ser un resabio de la necesidad de poblar el mundo.

Su mirada urgida, voraz, desvergonzada, le informa a las mujeres, a un simple golpe de vista, que está listo para la cópula. Y su lujuria hace blanco en el deseo femenino como promesa de placer sin límites. Porque si él no conoce de límites, ¿por qué habría de tenerlos justamente en la sexualidad, que es lo que más disfruta? Huelga decir que, llegado el caso, será él quien la inicie en el placer perverso.

Pero los investigadores no parecen registrar el don de los chicos salvajes para encender con actitudes eróticas. O tal vez es que aun consideran a las mujeres poco interesadas en el sexo.

Los investigadores aún no advierten la sutil mecánica de los chicos malos para empujar a la mujer a pensar en sexo.

No es amor

Por mucho que hayamos evolucionado, las costumbres, los mandatos religiosos y los prejuicios sociales e individuales gozan de buena salud. Porque la mujer aun necesita pensarse enamorada y llamarle al deseo amor para permitirse un vínculo sexual sin el aditamento afectivo.

Quedó demostrado con la novela *Cincuenta sombras*, cuando las mujeres pedían en los foros virtuales un hombre como Grey. ¿Qué estaban pidiendo en realidad? ¿Experiencias sexuales no tradicionales? Creo que sí. Pero a nivel consciente hablaban de amor. El personaje femenino, incluso, hablaba de amor... en la historia menos apropiada para ello.

Porque no se trata más que de una simple obsesión erótica hacia un hombre "peligroso para la salud" al que "le gusta hacer daño a las mujeres" e "incapaz de amar", según palabras de la protagonista.

El resto, la saga, es la tecla *delete* de la autora borrando las polémicas sombras para volver al hombre normalito, inofensivo y capaz de amar. Todo en pos del hollywoodense y poco creíble final feliz.

Pero tampoco podemos esperar que la ficción eduque en relaciones. O que al menos se ahorre barbaridades que aportan a la confusión de las mujeres. Porque su objetivo es vender ilusiones. Es alimentar fantasías. Es hacer creer que lo imposible puede ocurrir. Porque para verdad está la realidad, donde las cosas se llaman, suceden y terminan de otra manera.

¿La biología determina el deseo sexual de la mujer?

No creo que haya grandes diferencias entre el deseo de un hombre y el de una mujer, aunque el apetito sexual femenino luzca rezagado en relación al masculino.

Es que nos regimos por explicaciones biologicistas, cuando durante siglos la cultura programó a hombres y mujeres de forma diametralmente opuesta en lo referente a la iniciación sexual, a las relaciones prematrimoniales, a la estimulación, y al número de compañeros eróticos permitidos para cada uno. Que es lo que constituye la conducta sexual esperable para cada rol.

Nos regimos por explicaciones biologicistas del deseo sin estimar que por siglos la cultura programó a hombres y mujeres de manera opuesta.

Producto de esta disparidad, en las mujeres aun persisten la culpa y los prejuicios, y en los hombres el exceso de estímulos, como los cortos pornográficos que reciben por Whatsapp.

La diferencia entre el deseo de hombres y mujeres es, pues, fundamentalmente psicológica. Pero los chicos malos saben compensarla y en ello reside parte de su poder.

El atractivo del interés sexual manifiesto

Algo que he observado también es que es más fácil que la mujer se incline por un hombre que le muestra un interés sexual directo a que lo haga por quien le dedica una atención constante, respetuosa, pero fría.

Es más fácil que una mujer se incline por el interés sexual directo y apasionado de un hombre antes que por la atención respetuosa pero fría.

Este elemento, sumado a mi opinión de que el chico malo contrarresta la influencia cultural barriendo las inhibiciones sexuales de la mujer, me hace pensar que las mujeres estamos mucho más interesadas en el sexo de lo que se cree. Incluso más que el promedio de los hombres, considerando la cantidad de parejas sexuales que tienen los chicos malos.

Es lógico, entonces, que esta razón también pese a la hora de caer en una relación tóxica.

Pero no es para sobreestimar el sexo tampoco. Porque en la inclinación por el chico malo convergen múltiples causas, siendo la razón fundamental de índole muy distinta.

Porque esos encuentros de apariencia azarosa muchas veces no son más que el fruto de un *casting* no consciente con vistas a reactualizar y enderezar traumáticos vínculos del pasado. Algo que nunca se logra, porque no es ese el camino.

El camino es la revisión de los primeros apegos. Pero "la mayoría de las personas no quiere saber nada de su propia historia –dice Alice Miller[4]–, y por consiguiente, tampoco sabe

---

4 *El drama del niño dotado*, Alice Miller. Tusquets, 2009.

que, en el fondo, se halla constantemente determinada por ella, porque sigue viviendo en una situación infantil no resuelta.

"(…) actúan impulsadas tanto por recuerdos inconscientes como por sentimientos y necesidades que, a menudo y mientras permanezcan inconscientes e inexplicados, determinarán casi todo lo que hagan o dejen de hacer".

Mientras tus recuerdos, sentimientos y necesidades permanezcan inconscientes e inexplicados, contaminarán lo que hagas o dejes de hacer.

La personalidad como afrodisíaco

Tuve una paciente que se sorprendía por haber tenido dos relaciones estables con hombres de los que no supo lo apuestos que eran hasta después que se separaron. Porque hasta entonces, decía, la fascinante personalidad de ambos malotes le impidió ver otra cosa.

Del mismo modo, luego de tiempo sin verlo, se mostró impactada por la lindura y el porte de un ex pretendiente, al punto de no entender que no le hubiera dado una oportunidad… hasta que recordó lo cauteloso, irresoluto y poco jugado que era.

También ocurre que hombres poco agraciados gocen de una increíble capacidad de conquista. Probablemente porque han buscado equilibrar la desventaja abocándose a otros recursos.

Y aun en una profesión que hace culto del atractivo físico, como es el mundo del espectáculo, los que pican en punta no son los más bellos sino los que "traspasan la pantalla", los que tienen "ángel", los que "enamoran a la cámara". El estilo, la pasión y la energía resultan magnéticos.

Pero a la mujer la seduce especialmente ese intangible que son los rasgos de personalidad.

> **A la mujer la seduce, sobre todo, ese intangible que son los rasgos de personalidad.**

Eso no quiere decir que la barbita, los tatuajes y el bronceado actuales no le estén agregando al hombre algo que a la mujer le resulta erótico. Pero son modas, y las modas pasan... a diferencia de los rasgos de personalidad, que son clásicos y rinden siempre.

Hasta los que no deberían rendir, los que llaman a precaución, los que podrían asustar, como la temeridad, la rudeza y los celos, a los chicos malos les dan buenos frutos.

Porque son expertos en convertir sus puntos objetables en ventajas. Porque para ellos todo viento que corre es para mover sus molinos. Pero tienen algo más notable aun, y es que saben qué es lo que la mujer necesita, cómo y cuándo, mejor que las propias mujeres, que en general saben muy poco de ellas.

Por eso, el autoconocimiento profundo es el escudo más importante de una mujer. Y uno de los recursos más poderosos que se puede regalar a sí misma. Entre otras cosas, para luego poder darse lo que necesita emocionalmente sin tener que esperarlo de un hombre.

> **El autoconocimiento es un escudo contra el desamor y una de las herramientas más poderosas que la mujer se puede regalar a sí misma.**

Capítulo 9
Chicos malos para todos los gustos

Si hay un grupo de hombres que tiene poca responsabilidad en el dolor de las mujeres es el conformado por supuestos histéricos e hipotéticos fóbicos al compromiso.

Ocurre que las mujeres de hoy mantienen una encarnizada defensa contra la angustia que les provocan las relaciones y no pocas veces la traducen en etiquetas tranquilizadoras, que al mismo tiempo les sirven como ataque inconsciente al hombre que las frustra.

Porque nos está costando aceptar que el mundo cambió. Que los avances de la mujer a su vez trajeron otros que no teníamos previstos. Puede no gustarnos, puede que lo queramos negar, pero la realidad es que los hombres de los que nos quejamos son los hombres que creamos.

**Los hombres de los que nos quejamos
son los hombres que creamos.**

Es como si pusiéramos a un niño frente un escaparate de dulces y luego nos extrañásemos de que no se modere. O mejor dicho, de que no se conforme con uno solo. ¡Lo raro sería que lo hiciera!

El hombre actual es igual. ¿Por qué atarse a una mujer cuando hombres y mujeres estamos de acuerdo en pasarla bien sin la necesidad de una relación? ¿Qué culpa tienen los hombres de que nuestras expectativas, a veces, vayan más allá? ¿O de que muchas accedan a encuentros sexuales pensando que es el comienzo de un vínculo?

Así que pasemos a los hombres cuyo proceder egoísta no es una mera interpretación errónea de la mujer.

El casado

Aunque estas relaciones suelen arrancar como una aventura para ambas partes, por lo común terminan con la mujer pidiendo formalizar el vínculo. Entre otras cosas, porque el hombre actúa como si estuviese emocionalmente disponible: se lo ve deslumbrado, halagador, con gestos de enamorado... Calma, anima, está... lo que persuade a la amante de que el dedo anular del seductor no estará libre pero su corazón no tiene ataduras. O mejor aun, cree que lo amarra ella.

Es que él es consciente de que si no fuera así la mujer no entraría en su juego. Porque no soportaría sentirse segunda. De ahí las atenciones que le dirige. Y el esfuerzo por hacerla sentir especial, por encima de su esposa.

El hombre casado es consciente de que si no la hiciera sentir especial, por encima de su esposa, la mujer no entraría en su juego.

Por eso, cuando los sentimientos de la mujer cambian –se enamora–, la situación para él se mantiene igual. Situación que se extenderá hasta que ella se canse y lo deje.

Pero no la pasa mejor la amante que no se enamora y sólo se involucra con hombres casados "para demostrar que ninguno es fiel". O porque "es preferible ser la amante que la engañada".

Es que ella no ve en su triunfo su propia derrota. Porque desde su perspectiva el universo amoroso se encuentra reducido al papel de engañada o de segunda, cuando es mucho más vasto que su experiencia.

Y porque en realidad ella no prueba que todos los hombres son iguales, dado que no elige a cualquier hombre. Ambos se buscaban y se encontraron, por lo que entregarse a hombres infieles y deducir, a partir de allí, que todos lo son es tan caprichoso como presentarse a un congreso de médicos y resolver, en base a esa muestra, que todos los hombres del mundo son médicos.

El vividor

Gigolós, estafadores o simples aprovechados, se muestran muy dedicados cuando detectan a una mujer sola y necesitada de afecto. Suelen ser hombres con facilidad de palabras, reacios al trabajo, proclives a negocios difíciles de implementar o que no resultan, dados al victimismo y a que otros les resuelvan las cosas.

Gigolós, estafadores o simples aprovechados se muestran muy dedicados cuando detectan a una mujer sola y necesitada de afecto.

"Si yo no tuviese a Ruth —me decía un treintañero—, que por ahí me invita a cenar afuera, me hace regalos, que puedo llamar a mi familia al interior y usar Internet desde su casa, o que paga un café porque sabe que yo no puedo, yo viviría re mal…

"Ella puede… No, no es una persona de dinero. Es maestra jardinera… Pero el ex le pasa la cuota por el hijo… Y yo también le doy cosas, eh… afectivas. O sea que nos damos mutuamente… Yo a veces pensaba en una mujer mayor que me mantenga, pero Ruth es joven…".

No se trata de que el hombre pueda ser el sostén económico del hogar y la mujer no, sino de que Tomás no contribuye con dinero ni de ningún otro modo.

Es que los hombres perciben si una mujer se valora o no, tanto por lo que ofrece de sí como por lo que acepta. Información que utilizan para enamorarla, a veces con la menor inversión posible y el mayor rédito.

Los hombres perciben si una mujer se valora o si padece de bajo sentido del merecimiento.

El Don Juan y el hombre intermitente

"Salí con un hombre con el que nos enamoramos perdidamente –me dice Maia–. Pasamos los primeros meses ideales, pero resultó que era y es un hijo de su buena madre. ¡Es un mal tipo! Pero lo amo.

"No lo puedo dejar, todo se lo perdono, y mi carácter es muy diferente con él que con el resto de las personas. Mi único justificativo es que esto es puro amor.

"Pero me hace mal. Porque con la mentira de amarme me crea falsas expectativas y va pasando el tiempo. Desaparece, reaparece, me jura amor eterno, hacemos proyectos, los que cualquier mujer espera, ¡y vuelve a lo mismo! A salir con otras, a no responder llamados, reclamos… Es la historia de nunca acabar que ya lleva años…".

Cada traición o desaparición provocan un dolor tan agudo, una ira tan cargada, que si la mujer pudiera eyectaría al hombre a la estratósfera y lo dejaría allí. Pero vuelve a recibirlo porque su regreso le restituye el amor propio que el abandono melló.

Que el hombre vuelva luego de abandonarla le restituye a la mujer el amor propio mancillado.

"Tendrá sexo con otras –se dice– pero me quiere a mí". Este razonamiento es el que la ayuda a sentirse irreemplazable y la induce a perdonar lo que no debiera.

El que desea a otro

Enamoradas de hombres que fingen ser heterosexuales por necesidad de aprobación, no se explican que en los albores del vínculo ellos sientan tan poco interés por besarlas, por intimar, o por dejar las salidas en grupo.

Se aferran a las cosas bonitas que les dijeron, o a lo celosos que se exhiben ante los demás, y así logran que no les preocupe tanto que los mejores amigos del hombre "parezcan" gays ni que las perturbe ninguna otra pista.

Prefieren seguir engañadas a aceptar que todo ha sido una puesta en escena. De ambos. Porque su participación no es inocente. A la mujer la parodia de amor le sirve para mantenerse a salvo de una auténtica relación.

El maltratador

"Siempre me hizo sentir mal, fea –me relata una muy bonita Sabrina–. Me manipulaba dando vuelta las situaciones y me peleaba eternamente por el chat de Face, por Whatsapp. Mis amigas leían mis conversaciones y lo detestaban... Yo a veces lo llamaba el "oscurito".

"Al principio era caballero... Yo siempre fui un poco difícil para concretar y él me esperó. Compartíamos charlas profundas de la vida, gustos, intereses, nos reíamos muchísimo... Y, qué loco, pensábamos lo mismo y lo decíamos al mismo tiempo: había una conexión. Pasábamos horas besándonos... Lástima que esa pasión después se convertía en tortura.

"Siempre me hizo sentir mal, fea. Yo a veces lo llamaba el 'oscurito'".

"El problema empezó cuando él no quería que nadie supiera que nos veíamos. Le dije que yo no me manejaba así, que era mejor que nos separemos. En la despedida de año en mi trabajo me hizo lo mismo. Ni me habló. Le dije que es horrible hacerle ese desprecio a alguien... Quise cortar pero al día siguiente me bombardeó por Face diciendo que malinterpreté todo.

"Eran peleas enfermizas. Horas y horas pidiéndole por favor que la terminase. Yo lloraba y mi hermano me apagaba el CPU porque no podía ver ni creer las cosas que me contestaba. ¡Y me la seguía por mensajitos!

"Cuando me contaba de sus amigas mujeres siempre remarcaba la belleza, el nivel socio–económico y lo interesantes que eran. Siempre mirando mujeres delante mío pero de forma nada disimulada.

"Se fue una vez de viaje con la familia, se contactó con la ex del amigo y se encontró con ella a cenar... Me la describió: 'es hermosísima, profesional, con toda la plata. La vi y congeniamos. Y nos encontramos allá porque tuvimos una conexión'.

"Se ponía agresivo e hiriente y yo, como una tonta, lloraba y me hacía cada vez más chiquita. Y cuando lo dejaba, me lloraba él. Sabía que para mí, que me abracen, es re importante... Entonces, cada vez que le decía de cortar, me abrazaba y me decía que quería estar conmigo. Y en la misma conversación también decía que no estaba dispuesto.

Se ponía agresivo e hiriente y yo, como una tonta, lloraba y me hacía cada vez más chiquita.

"Fuimos diez días al sur y una noche me puse a llorar. Me dejó en la barra sentada, se fue a comprar los tragos... y se quedó charlando con la de la caja. Coqueteaba descaradamente... Para él eran todas lindas, con cuerpazo, exitosas, con carisma... Excepto la que tenía al lado, todas eran diosas...".

Si habías oído sobre el maltrato psicológico y creías que sólo se reducía a insultos, acabas de ver que tiene muchas formas. Y que algunos hombres dejan moretones en el alma de maneras muy sutiles.

En razón de las importantes consecuencias que producen en la salud física y psicológica de la mujer y de sus hijos, dedicaré el siguiente capítulo a los hombres que van aun más allá: los hombres violentos.

Capítulo 10
Cómo reconocer a un violento

Ninguna mujer se enamora de un hombre violento. Porque ninguno va a la primera cita con guantes de box. Es un proceso. Al principio él se aboca a seducirla. Después tantea sus reacciones avanzando, retrocede si es preciso, vuelve a probar, dosifica... Intercala rosas y espinas hasta que ella se siente poco segura, sin valor, y totalmente bajo su influjo. Pero nada sucede de un día para el otro.

El violento se apoya en la confusión de la mujer que ante los agravios inaugurales duda: "quizás oí mal", "¿será consciente de lo que dijo?", "¿será que estoy susceptible?".

"Quizás no escuché bien", "¿se habrá dado cuenta de lo que dijo?", "¿será que estoy susceptible?".

Porque cualquier persona puede ofender sin darse cuenta, responder mal por cansancio o estrés, o estar pasando por un momento especial que excepcionalmente desemboque en un comentario desafortunado. Con estas justificaciones a las primeras conductas de maltrato es como las señales de alerta se diluyen como gotas en el océano de emociones en el que él la sumerge.

El lado B de las señales de alarma

Se suele decir que el control, los celos, las descalificaciones, el mofarse de la mujer, el agitar el fantasma del abandono, la humillación en público, o el imponerle el acto sexual, son señales que preanuncian la violencia física. Pero, además de señales, son violencia en sí mismas. Violencia psicológica.

Sólo que algunas mujeres interpretan estos primeros maltratos de forma que no les resulte preocupante. Por lo que conviene saber que...

...la burla o la ofensa que el hombre dice como al pasar, no es inocente. Busca destruir su autoestima.

...los celos y el control no son superlativas muestras de amor sino de cosificación. Se la intenta poseer y manejar como a un objeto.

...los mensajes constantes que le manda, el celular que le revisa, los interrogatorios a los que la somete, no son para cuidar la relación. Es un modo de evitar que ella se tome la libertad sexual que él se toma.

...que la mujer lo acuse de mentir y se defienda no significa que ella no esté en lo cierto. Lo más probable es que él sólo esté buscando salirse con la suya sin costos.

...ajustar la propia conducta a sus demandas no es "evitar problemas". Es ceder las llaves de nuestra vida a un maltratador.

Algunas mujeres interpretan los primeros maltratos de forma que no les resulte preocupante.

Por eso, ninguna mujer debería dudar nunca de las primeras actitudes chocantes que observe en el hombre. Ni le debería creer cuando, pasados los golpes, el violento simula arrepentirse.

Lo hace para evitar el abandono o la denuncia. Y tampoco es que asume su dificultad para controlar su ira, puesto que la hace responsable a ella de su conducta al decirle: "mira lo que me hiciste hacer...".

Pero así el pedido de perdón fuera sincero, poco importa. Como tampoco importa lo mucho que él haya sufrido en la vida o lo que diga para culparla. Porque el daño que provoca tiene explicaciones pero no justificación.

Una mujer con arma no es necesariamente una mujer armada

Una paciente que padeció maltrato infantil, de adulta eligió ser policía. Supuso que esto la iba a proteger de la violencia del mundo y le permitiría encarcelar a los que abusan de los más débiles. Pero ni así consiguió protegerse: tuvo un hijo con un hombre que descargaba su ferocidad contra ella.

Por entonces, Selene no creía que un tratamiento psicológico la pudiera ayudar. Por ser golpeador, pensó que sólo él necesitaba ayuda. Pero como aun sin vivir juntos los años transcurrían sin cambios, se animó a consultarme.

Entonces pudo entender por qué sus esfuerzos para defenderse no le habían servido. Había recurrido a un arma real cuando lo que necesitaba eran "armas" simbólicas: autovaloración, asertividad, sentido de merecimiento y, sobre todo, trabajar su historia personal.

Había recurrido a un arma real cuando lo que necesitaba eran "armas" simbólicas.

El discurso imperante perjudica a las mujeres maltratadas

Hay una pregunta que, no importa cuántas veces haya sido respondida, siempre aparece otra vez: "¿Por qué la mujer se queda con el golpeador?".

Desde ya que ellas no se quedan porque les gusten los golpes. En mi opinión, lo que la persona común está señalando con su duda es que algo está sucediendo también con la mujer. Porque su comportamiento está reñido nada menos que con nuestro instinto más importante, que es el instinto de vida. Él nos lleva a huir de manera automática de las amenazas de dolor y, desde ya, de los riesgos de muerte, pero evidentemente este instinto se encuentra afectado en la mujer golpeada.

Siguen con el golpeador, se dice, porque dependen económicamente del hombre y no disponen de otro lugar para vivir. Pero estos motivos son los menos importantes.

La dependencia económica como razón para explicar la permanencia de la mujer junto al hombre violento es la menos importante.

De hecho, el maltrato físico se da también en vínculos amorosos entre adolescentes –que aun viven en la casa paterna– y se da también en mujeres profesionales con ingresos propios. Por no decir que se dan casos de mujeres sin recursos que rechazan alojamientos alternativos para no abandonar al maltratador.

¿Por qué pasa esto? Porque la dependencia que la mujer sufre es, ante todo, emocional. Su apego es producto de su historia, de su falta de afirmación, de las mentiras que se dice para seguir con él y de su baja autoestima… déficit que no es sólo resultado del maltrato de su pareja, como suele decirse, sino que es anterior a él. Tanto que es también puerta de entrada a este tipo de vínculos.

Pero considero que también sigue con el golpeador por indefensión aprendida, que se da cuando la resignación lleva a dejar de luchar para ponerse a salvo.

Menos ideología, más ciencia

Por feminismo mal entendido o por falta de conocimientos psicológicos o psiquiátricos, se cae en el reduccionismo de atribuir la violencia hacia las mujeres sólo a ese abstracto que es "la sociedad patriarcal".

Se cae en el reduccionismo de atribuir la violencia hacia las mujeres a ese abstracto que es "la sociedad patriarcal".

Y no creo que se violente a la mujer por el sólo hecho de serlo, porque el violento no ataca únicamente a la mujer sino también a sus hijos, y lo hace independientemente de que sean niño o niña. Por tanto, hay que tener una mirada de conjunto de los fenómenos sociales, más amplia, sin recortar.

No es casualidad que muchas mujeres maltratadas y muchos maltratadores hayan sido maltratados en la infancia, o que entre los golpeadores abunden los trastornos de la personalidad. Pero se insiste en atribuir la violencia a una única razón, cuando indudablemente es siempre el producto de factores individuales, familiares y sociales.

Así pues, será despojándonos del discurso dominante como podremos crear saberes científicos y salidas de la violencia que estén a la altura de las vidas que se cobran.

Los niños también son importantes

Niños que son ultimados por su propio padre para castigar a la madre, niños que se encontraban presentes cuando la asesinaban, infancias arruinadas con castigos físicos... El riesgo de perder la vida, o quedar traumatizado, no es exclusivo de la mujer.

Si alguna diferencia existe es que ella, como adulta, puede irse o quedarse, apostar una y otra vez a que el hombre cambie o decidir que ya es suficiente. Si no fuera así, no tendrían ningún sentido las campañas que la impulsan a separarse del maltratador.

Pero un niño no decide nada. No puede cuidar su propia psiquis ni su integridad física. Está completamente sujeto a la salud psicológica y emocional de sus padres y a su capacidad para protegerlo.

Un niño no puede cuidar su propia psiquis ni su vida, por lo que depende enteramente de la capacidad de sus padres para protegerlo.

Ese sentimiento de desamparo, de no poder sustraerse de ningún modo de la violencia, además del miedo a perder a su madre a manos de su padre, le dejan marcas profundas de por vida. Que lo influirán negativamente, en diferentes aspectos, en todas las áreas de su existencia.

¿No es hora, pues, de dejar de considerar a los pequeños "víctimas colaterales de la violencia de género", cuando son víctimas directas de la violencia en el hogar?

O mejor aun, ¿no sería más razonable restablecer el concepto de violencia familiar, o de crear uno nuevo, dado que el vigente, violencia de género, borra del escenario a los hijos?

¿Qué está pasando que en la cruzada contra el maltrato olvidamos a nuestros niños? ¿Acaso sus vidas no son valiosas? ¿Las instituciones y los políticos los recordarían si votaran?

¿Cuántas muertes y traumas infantiles más necesitamos para tenerlos otra vez en cuenta?

Observo apenada la triste paradoja de que, mientras se indignan por la violencia hacia la mujer, miles de hombres y mujeres justifican en las redes sociales los golpes que recibieron de sus padres –"Porque gracias a eso no salí delincuente"– y los que utilizan para doblegar a sus hijos. Como si hubieran golpes malos y golpes buenos. Y como si alguno de verdad ayudara.

Caemos en el absurdo de creer que no se debe maltratar a la mujer ni a los animales pero a los niños sí. Con la excusa de "educarlos" liberamos tensiones contra los que, por una abismal asimetría de tamaño, de fuerza y de rol, no se pueden defender... Y después nos sorprende que, ya adultos, no sepan eludir los vínculos con golpes.

Es absurdo creer que no debemos maltratar a las mujeres ni a los animales pero a los niños sí, para "educarlos".

Con ese criterio, dejemos que el hombre "eduque" a su mujer cuando crea que se equivoca y "eduquémonos" los unos a otros cuando consideremos que el otro actúa mal... Sería una locura, ¿verdad?

La violencias en todas sus formas no la vamos a erradicar nunca mientras se sigan criando hijos a los golpes con la excusa de "corregirlos".

Y los derechos del niño serán sólo palabras y la promoción de la equidad de género en las escuelas se revelará inútil mientras se siga ignorando, cuando no justificando, el infierno que muchos niños viven en sus hogares.

Una nueva vida

Cuando la mujer maltratada que justifica al hombre para seguir a su lado deja de hacerlo, cuando comprende que el tiempo no mejorará las cosas y que no puede perder más de lo que ya perdió, da un paso enorme.

Hasta que un día comprende que el tiempo no mejorará las cosas, y que no puede perder más de lo que ya perdió.

Es cuando está lista para comenzar a resetear su dignidad y descubrir que en el mundo también hay personas amorosas, personas que respetan, personas que cuidan.

Capítulo 11
Por qué nos cuesta tanto aceptar la verdad

Pese a los años que llevo viendo a pacientes sufrir por una relación, aún me asombra ver cómo se me ocultan hechos, cómo interpretan las cosas a su favor, cómo ablandan la realidad con fantasías. Imagino, pues, el impacto que les debe causar a los no profesionales.

Pero es comprensible. Es sumamente doloroso admitir que la persona de la que te has enamorado no te va a dar nunca el afecto o el respeto que anhelas. El problema es que si no lo haces no puedes detener el daño.

**Resulta doloroso admitir que la persona
de la que te enamoraste no te va a dar
el afecto o el respeto que anhelas.**

Aplazar la angustia

Tuve una paciente que de una sesión a otra "olvidaba" el trato al que la sometía el hombre de sus desvelos y se culpaba obsesivamente de no haber sabido conservarlo.

Para reducir sus auto reproches —con los que además perseguía que en la sesión se hablara sólo de él, no de ella—, en dos ocasiones le dije que había hecho más que suficiente por esa relación, cuando él no parecía ser alguien considerado. Y en las dos ocasiones me preguntó por qué decía que no era considerado.

Es que aunque me comunicaba en detalle y en tono de lamento cada una de las actitudes cómodas y aprovechadoras del hombre, se cuidaba muy bien de dar a las mismas alguna lectura que pudiese perturbar su intención de recuperarlo.

Después de todo, ese era su verdadero objetivo, su norte inconsciente. Reconquistarlo. No olvidarse de él como decía. Y todo su empeño psíquico se abocaba a esa meta.

Por eso la sorprendía que yo lo evaluara así. Porque para Verónica era algo nuevo. Y su pregunta no hacía sino manifestar las defensas con las que se preservaba del inmenso dolor de no ser querida.

Su verdadero objetivo, su norte inconsciente, era reconquistarlo. No olvidarse de él, como afirmaba.

Una realidad a medida

¿Por qué los políticos mienten, a veces con los hechos a la vista de todos? Es que saben que cuando ellos descartan, minimizan o justifican situaciones, las defensas psíquicas de los ciudadanos actuarán siguiendo el camino que previamente ellos les trazaron.

Y lo mismo ocurre en las relaciones de pareja. Podemos creer lo increíble con tal de no aceptar que alguien en quien confiamos nos falló. Porque esa verdad pone en duda el amor que nos tienen, lo que merecemos, lo que valemos. Nos zambulle en las peligrosas y desgarradoras aguas del desamor.

Además, si tomáramos nota, probablemente tendríamos que romper el lazo y perder a alguien muy significativo para nosotros. Sin contar que nos avergüenza sentir que elegimos mal, que fuimos ingenuos, que tuvimos una mirada romántica, naif de las cosas. Cuando negamos lo turbio o lo oscuro, en cambio, la vida nos asusta, nos decepciona y nos enoja menos.

La mente se defiende de la información indeseable porque de este modo el mundo nos asusta, nos decepciona y nos enoja menos.

Mentirnos para tapar mentiras

Por los años cincuenta, el psicólogo e investigador León Festinger se infiltró junto a algunos colaboradores en los See-kers, una secta religiosa que aseguraba tener contactos con extraterrestres y con Jesús.

El objetivo era poder estar entre ellos el 21 de diciembre de 1954, cuando su profecía sobre la destrucción del mundo, de la que ellos serían rescatados, cayera por su propio peso.

Que la Tierra sobreviviese a esa fecha significaba, por lógica, el fin de todas sus convicciones. Pero qué piensas que sucedió. ¿Se desintegró la secta? ¿Sus integrantes le reprocharon a su líder el haber vendido sus propiedades y abandonado sus trabajos por los mensajes telepáticos apócrifos que ella decía haber recibido?

En absoluto. En lugar de asumir el golpe de realidad, se fanatizaron más aun. Comenzaron a hacer proselitismo. Porque gracias a su fervor religioso, decían, aquel 21 de diciembre una luz se esparció en el mundo y lo salvó.

Así es como las personas se hacen cada vez más débiles. Pateando la decepción para adelante, postergándola inconscientemente para cuando estén preparados. La consecuencia es que las relaciones patológicas se vigorizan, dejando a sus miembros cada vez más perturbados y lejos de una salida real.

> **En lugar de asumir el golpe de realidad,**
> **muchos se aferran a su verdad más todavía.**

Las mujeres niegan, pero no son ranas

Hay quienes explican la tolerancia de muchas mujeres al maltrato con la siguiente analogía. Si se pone una rana en una olla con agua y se le va calentando poco a poco, el anfibio se irá adaptando al malestar hasta morir sin darse cuenta, mientras que si la hubiesen echado directamente al agua hirviendo, habría saltado y se habría salvado.

Es verdad que en las relaciones el hombre tarda en ser abiertamente violento. Por esta razón es que en otro capítulo digo que debemos estar atentas a las primeras señales.

Pero igualmente cierto es que a las mujeres que no atravesaron en su etapa de formación situaciones de maltrato físico o psicológico, se les hace fácil saltar de una relación que vislumbran podría ser abusiva. Ellas no necesitan sentir que el agua hierve. Y la razón es que su historia no les ha llevado a ver el abuso como algo normal.

> **Muchas mujeres no necesitan sentir que**
> **el agua hierve para salir de un vínculo**
> **maltratador, porque su historia no les ha**
> **hecho ver el abuso como algo normal.**

Esto no significa que todas las mujeres que padecen o padecieron maltrato físico en sus relaciones adultas han sufrido situaciones traumáticas en la niñez. Pero lo expongo porque es un factor que en los medios jamás se menciona.

Autoengañarnos por necesidad de coherencia interna

Supón que trabajas como modelo y no fumas porque el cigarrillo maltrata tu piel y tus pulmones. Un buen día –o quizás sería más apropiado decir, un mal día– te contratan para un comercial de tabaco en el que debes fumar, toma tras toma... y se te pega el vicio.

Ahora tus pensamientos rivalizan con tu nuevo hábito. ¿Cómo lo resuelve tu mente? ¿Dejas de fumar? Me temo que no. Lo más probable es que cambies tus pensamientos para que armonicen con tu flamante conducta, por perjudicial que sea. Por tanto, el cigarrillo ya no es tan malo. O lo es, pero vale la pena. O piensas: de algo hay que morir...

Es lo que ocurre con muchas mujeres que excusan sus amores tóxicos. Amoldan sus pensamientos de manera que estos no las censuren, les permitan seguir adelante, o hagan ver su caso como un problema general.

Entonces dicen: "no hay nada que hacer, el amor hace sufrir". O "todos los hombres son iguales". O "de afuera no se ven las cosas como realmente son. Hay que estar adentro de la relación para entender...", cuando es la propia damnificada la que debe comenzar a comprender cómo entró en ese tipo de vínculo y por qué continúa allí, más allá de lo que dice.

Porque debajo de las palabras conscientes, racionales, políticamente correctas, con que las personas justifican sus conductas peligrosas, siempre subyacen otras. Un universo de motivaciones y necesidades no sabidas. Que son justamente las que gustan tomar el timón.

Cheques en blanco. ¿Es posible dejar de emitirlos?

En las relaciones dolorosas se justifican los comporta-mientos dañosos porque se depende emocionalmente de la otra persona y una voz de alto pondría fin a la pareja. O porque la persona afectada no cree tener ya ningún control de la situación.

> **Cerramos los ojos a las conductas nocivas cuando se depende emocionalmente del otro y una voz de alto podría amenazar la relación.**

Desde ya que el camino más seguro para recuperar el con-trol personal y ganar independencia emocional es el trabajo terapéutico. Pero es la vía menos transitada. Por eso los vínculos tóxicos no se extinguen sino que se reconvierten relación tras relación.

¿Qué nos hace cambiar?

Encuentro cinco situaciones que te obligan a quitarte la venda de los ojos en relaciones tóxicas. La primera tiene lugar cuando la persona nociva se siente tan confiada y segura de que su proceder no tendrá consecuencias que se relaja, descuida las formas... y vuelve imposible el seguir ciegos.

La segunda ocurre cuando se extinguen las ventajas que obtenías al distorsionar la realidad. Es el caso, por ejemplo, de la mujer que defiende a un hombre inadecuado para poder seguir juntos hasta que de todos modos él la abandona.

La tercera aparecería cuando la calma, el afecto y la comprensión de alguien en quien confías lo ayuda a digerir la verdad.

La cuarta situación que abre los ojos de una persona enamorada de alguien tóxico se relaciona con el cansancio. Ya no tienes energías psíquicas para resistir. Y soltar el autoengaño las libera para fines más nobles.

La quinta, es fruto de un laborioso proceso por el que logras elevar lo suficiente tu valor como para ya no permitir lo que no mereces.

Cuando elevas tu autoestima entiendes que nadie está por encima tuyo y que una decepción no te matará.

Si has alcanzado alguna de estas cinco situaciones sabrás que romper un lazo afectivo, aun aquellos disfuncionales, despierta sentimientos de desamparo porque obliga a seguir solos. Pero si tienes que engañarte para tornar una relación digerible es que no es la mejor compañía. ¿Por qué vivir en ascuas, entonces? ¿Por qué estar cuidándote de quien amas, cuando tu amor debe ser tu refugio, tu sostén, tu lugar seguro?

Capítulo 12
Los hombres buenos
también sufren

Aunque lo observo desde hace años, todavía me sorprende la naturalidad con que se toma que una mujer trate de "básicos" a los hombres en general, o de "idiota" o "imbécil" al suyo en particular. Como si por dirigirse el insulto de la mujer al varón no fuera también violencia.

¿O las mujeres no nos ofenderíamos si se refiriesen a nosotras en esos términos? Lo peor es que el mote de "básicos" ya se considera una verdad revelada. Tanto que los mismos hombres la utilizan para describir a su género cuando de ningún modo es así.

Porque básico puede ser un calefactor, que se enciende, se apaga y poco más, pero la raza humana es tan compleja que para poder abarcar su estudio se necesitan muchas disciplinas, que a su vez progresan a diario con nuevos conocimientos. Así que básico no es ni el ser humano menos instruido.

Calificar a los hombres de "básicos" es ofensivo. ¿O no nos ofendería que ellos nos llamaran "básicas"?

Además, si los hombres fueran tan simples como muchas mujeres aseguran, con solo pulsar el botón conveniente –el sexo, por ejemplo–, ellos se comportarían a nuestro gusto. ¿Lo hacen? No lo hacen.

Es más, en materia de relaciones, ellos marcan el paso y nosotras lo seguimos. Fíjate si no. Si no quieren una relación con nosotras no la habrá, por mucho que lo intentemos. Si buscan sexo sin compromiso, salvo excepciones lo tendrán, aunque lo que queramos sea enamorarlos. Si se les antoja una amante, más de una mujer estará dispuesta.

Lo que deberíamos entender, pues, es que subestimarlos no hará a las mujeres mejores ni los hará a ellos más dóciles, por lo que sería justo tratarlos con el mismo respeto con que pedimos nos traten.

Pero este capítulo no versará, mi mirada de los hechos sino, en la palabra directa de los hombres refiriéndose a las situaciones que viven.

Verás así que las mujeres no tenemos el patrimonio del dolor en el desencuentro con el otro sexo. Sólo que los hombres no lo verbalizan tan frecuentemente ni tan enfáticamente como nosotras... hasta que tienen la oportunidad.

Los hombres no verbalizan su sufrimiento tan frecuentemente ni tan enfáticamente como nosotras... hasta que tienen la oportunidad.

La que lo mantiene en soledad

"Yo viví en España y conocí otros lugares, además de ser oriundo del campo –me dice A.L.– y en ningún lugar la mujer trata tan bien y con tanta buena predisposición a los extranjeros como acá. ¿Qué es eso de brindarse así a los turistas? ¿Tienen sangre superior? Esto me dice que el deseo, el afecto y la amabilidad las tenemos... pero para los turistas. ¿Por qué?

"Acá las mujeres por la calle no te dan el teléfono ni un "hola" así como así. Y lo peor es que cuando lo hacen sienten que te hicieron un favor.

"Dicen que necesitan hombres que las miren a los ojos pero caminan mirando el piso o a lo lejos. No hacen contacto visual ni drogadas, salvo que el hombre vaya con una mujer. O sea que ellas también quieren el contacto visual, pero no se animan si hay posibilidades reales de que pase algo.

"En Capital, las de 28 para arriba caminan por la calle con la vista baja y aferradas a sus carteras, como si hubiese un ladrón, un violador o un asesino en cada baldosa. Imposible acercarse o decirles algo.

"No importa cómo estés vestido, el tono y el contenido de lo que digas, la mujer va a seguir caminando sin detenerse. Como mucho, puede sonreír o agradecer. Pero lo más común es que te ignore o haga un gesto de desaprobación y hasta de asco".

Lo más común es que las mujeres te ignoren o hagan un gesto de desaprobación y hasta de asco.

La inconstante

"Hace bastante comencé una relación con una mujer casada —me refiere Santiago—. Al tiempo decidí cortar la relación porque no era lo que quería para mi futuro... Volvió mil veces prometiendo cosas que jamás cumplió. Sin embargo nunca le pedí nada...

"El año pasado volvió. Hizo una promesa de amor digna de una película romántica, todo sin yo pedirle ni exigirle nada... A los dos días del juramento decidió dejarme.

"Hoy no sé nada de ella... Se cortó la comunicación... No sé si cambió su celu, si eliminó la casilla que teníamos para comunicarnos... Hasta creo que cambió el número del teléfono fijo... cuando sabe que yo jamás haría algo que la dañe...".

La interesada

"Hará un año y medio largo me anoté en esas páginas virtuales de búsqueda de pareja. Las serias –me relata Oscar–. Como para conocer mujeres de entre 40 y 52 años. Yo les hacía un guiño virtual a las que se acercaban a mi perfil...

"Ellas pedían "un chico culto, extrovertido, que le guste viajar, la música, el cine europeo, las mascotas, que sea amplio en concepto de familia y acepte a mis hijos. Románticos, pasionales...".

"Creo tener esas aptitudes, Nanci... así que ni lerdo ni perezoso buscaba contactarlas. Pero el 85% me preguntaba a qué me dedico, cuál es mi profesión... como para calcular mis ingresos. Yo les respondía y ahí buscaban una excusa para abandonar el chat!".

El 85% de las mujeres que decían buscar hombres románticos hacía preguntas para calcular mis ingresos.

"Las mujeres medianamente bonitas exigen hombres de recursos económicos y con un regio auto o una 4x4... Así son las cosas... Me hice otro perfil pero en el sector laboral escribí: "empresario, profesional, casa propia" y posteaba fotos mías pero al lado de un buen auto... ¡No sabes!, ¡mil guiños! Pero lo triste es que esas mujeres que me guiñaban escribían en sus perfiles, "solo me importa lo interior, lo cultural, lo intelectual, soy romántica...".

"Lo gracioso era que cuando les preguntaba: "¿por qué me guiñas –o aceptas mi guiño– si tu perfil busca otra clase de hombres?'. Me respondían: 'bueno, no importa si no te gusta el arte...'. ¡Es como si el billete les cambiara los neurotransmisores!".

La descreída

"La verdad es que uno que está predispuesto a ponerse de novio tiene que conocer a cada espécimen... –dice Rodrigo–. Nos hacen pagar los platos rotos a nosotros, los honestos, que nos merecemos una novia como la gente.

"Las mujeres les hacen pagar a los buenos los pecados de los chicos malos".

"Los tipos de mierda se hacen pasar por honestos para conseguir una chica y después, al hombre bueno como yo las mujeres no le creen, y se pasan la relación desconfiando porque piensan que somos todos iguales.

"Yo creo que las relaciones cambiaron pero para mal. Nadie valora ni respeta una relación y ante un problema se van con otra/o. Si la cosa no va, se termina y listo, en lugar de quedarse a solucionarlo".

La ex

"¿Qué se hace con una desagradecida como mi ex, que me reclama todos los días más dinero? Nanci, yo le paso el 40%, no el 30% que habíamos quedado". Le respondo que el reclamo de dinero suele ser un reclamo de afecto, de cosas que quedaron sin entender bien...

"Y sí... Ella era como una princesa, lo que pedía lo tenía. Su familia está bien económicamente y yo no quería que por mi culpa lo perdiera. Y me propuse a mí mismo mantenerle esa vida porque sentí que podía hacerlo. Pero para darle todo estuve mucho tiempo fuera de casa...

"Ella me dijo en una oportunidad que se sentía sola, abandonada... Nunca entendió que lo hacía por ella y por nuestras nenas lo de trabajar tantas horas... Yo en todo momento la llamaba para ver si estaban bien, si necesitaban algo... Pero me hacía escenas de celos que hasta me tiraba cosas por la cabeza. Y yo tengo un límite de tolerancia... así que decidí irme porque no podía seguir viviendo así. No era vida ni para mí ni para mis hijas.

"En una de esas peleas me dijo: "¡tenés otra mujer!", y me alteró tanto que le dije "¡sí, tengo otra que no cansa!". Pero no era verdad. Se lo dije de bronca y se quedó con eso. Nunca le pude hacer entender que no había nadie más, que ella era la luz de mi vida, que la amaba y que daría mi vida por ella...

"Está muy enojada y todos los días me reclama por qué no estuve más antes... Ya no sé qué hacer ni qué pensar. Hasta llegué a creer que está con otro. Y me está matando... ".

Algunas mujeres también maltratan

Los hombres vienen diciendo, en distintos espacios, que ellos también sufren maltrato por parte de las mujeres. Pero como no llegan a consecuencias graves, casi nadie escucha.

Los hombres vienen diciendo, en distintos espacios, que ellos también sufren violencia por parte de las mujeres. Pero casi nadie escucha.

Y los pocos que los escuchan los toman a broma, descreen de lo que dicen o minimizan lo que padecen. Porque "no se puede comparar la violencia que sufre una mujer con la que puede recibir un hombre de una mujer". Claro que no se puede. No es lo mismo. Pero pasar, pasa.

De más está decir que negar lo que ellos viven los revictimiza. Porque, como "recuerdo" de traumas infantiles padecidos, algunos hombres tienen un carácter pasivo, una autoestima frágil, y una grave incapacidad para frenar las descalificaciones y la furia de las mujeres que se supone los aman.

Furia que no marca la piel, pero lesiona la dignidad. Por eso es una lástima que falte tanto para que el dolor humano nos conmueva más allá de los géneros.

Los hombres también hacen elecciones desafortunadas

En el museo D' Orsay, de París, me asombró la demora de un treintañero frente a lo que en otro contexto sería solo un pizarrón cruzado de vértice a vértice por un trazo en zigzag.

"¿Viste esas pinturas que tardan cinco minutos en hacerlas y dos horas en explicarlas?", me sintetizó el estilo, en una ocasión, el genial humorista Fontanarrosa. Y esta parecía ser la obra que le había inspirado el chiste.

Lo traigo a colación porque, como el joven del museo frente al cuadro, algunos hombres quedan asidos de un modo aparentemente incomprensible a mujeres que los lastiman. Porque en menor medida también a ellos les cuesta hacer lo que deben: prevenir, frenar situaciones injustas y poner distancia cuando el dolor ocupa el lugar del amor.

A ellos también les cuesta prevenir, frenar situaciones injustas y poner distancia cuando el dolor ocupa el lugar del amor.

Capítulo 13
¿En qué fallan los chicos buenos?

La expresión "macho alfa" define en el reino animal al macho dominante, cuyo poder para intimidar al resto lo catapulta al liderazgo de los suyos y al acceso a más hembras. Y algo parecido ocurre con los seres humanos.

El hombre más deseado no es el más bonito sino el que proyecta potencia, misterio, agresividad para imponerse, y garra para ir por lo que quiere.

El hombre más deseado no es el más bonito sino el que proyecta potencia, agresividad para imponerse y garra para ir por lo que quiere.

He aquí otras actitudes que he observado en líderes alfa de ambos sexos:

- Se consideran con derecho a todo porque se estiman especiales. Por lo mismo, son poco respetuosos de las normas y leyes.

- Lejos de sentirse sobrepasados, paralizados, o de perder la calma, el estrés los motiva. Disfrutan en situaciones que desestabilizarían al resto.

- Luchan para imponer su voluntad y sacar réditos en toda ocasión que les es posible.

106 I Ellas los prefieren malos

- Manipuladores y avasallantes, pueden amedrentar o herir para salirse con la suya o no perder beneficios.

- No renuncian a su comportamiento por el perjuicio que causan o por el qué dirán porque se desentienden del otro y de la opinión de los demás.

- Su estilo autoritario, prepotente o degradante busca anular a su interlocutor, quitarle poder de reacción y hacerlo dudar de cómo son realmente las cosas.

- Cuando la mayoría siente culpa o se niega a seguir adelante por principios, un alfa avanza. Y por si fuera poco, redobla la apuesta.

Como ves, el hombre alfa y el chico malo tienen más puntos en común que diferencias. Quizás el primero se enfoque en conseguir poder formal –aunque no todo el que ejerce poder es un macho alfa– y el segundo en asegurarse mucho sexo.

El hombre alfa y el chico malo tienen más puntos en común que diferencias.

Diseñados para ganar

Para un hombre común en busca de una relación, no es fácil vérselas con un macho alfa. Porque a este último le apasiona competir, porque no concibe otra posibilidad más que ganar y porque le sobran recursos para lograrlo.

De ahí que muchos se figuren cuánto más fácil les sería la vida si poseyeran algunos atributos alfa. Y puede ser... Pero no olvides que son el derivado de su casi nula sensibilidad para con las personas y de su habilidad para la manipulación, por lo que pregunto... Si lo fueras... Si consiguieras ser alfa...

¿Valorarías a la gente, o a una pareja, sabiendo que hacen lo que quieres? ¿Las respetarías? ¿Creerías en lo que sienten por tu persona? ¿O sabrías que es producto de tus maniobras y preferirías algo más auténtico? Y lo logrado a fuerza de bravura, ¿lo apreciarías? ¿O serías como esos niños que, cansados de conseguir lo que piden, pierden toda satisfacción?

¿Desearías no sentir y dominar? ¿O preferirías poder querer y que te quieran? Y sobre todo, ¿dejarías de lado tus valores para obtener poder sobre los demás, cuando podrías ser feliz y amado sin cambiar tu esencia y sin vulnerar a nadie?

El lado malo de los buenos

La osadía es un recurso de seducción casi infalible. Pero a quien no es naturalmente osado no le será útil porque exige nervios de acero.

Lo que quiero decir es que tampoco es fácil emular el estilo alfa. Por eso, las únicas técnicas que sirven para conquistar son las que no se aprenden. Es decir, las que ya son parte de uno y nos resultan cómodas. Porque no podemos ir contra nuestra personalidad.

Las únicas técnicas de seducción que sirven son las que no se aprenden. Porque no podemos ir contra nuestra personalidad.

Pero esto no significa que no podamos ser la mejor versión de nosotros mismos... que es lo que muchos chicos buenos no están consiguiendo.

Sucede que consumen sus energías en culpar a las mujeres por no elegirlos y a los chicos malos por su falta de escrúpulos en lugar de ver qué pueden mejorar ellos. Que, por otra parte, es en lo único en lo que pueden incidir.

Y luego la falta de autocrítica, de entrenamiento en habilidades sociales, o el creer que con sus sanas intenciones alcanza hace que los hombres beta no estén explotando todo su potencial.

Creen que ser confiables y previsibles resulta suficiente. Pero lamentablemente no lo es, ante contrincantes de arsenal tan vasto.

Competir con un hombre alfa es posible

Cuando las mujeres maduran emocionalmente y logran sobreescribir el programa amoroso que tenían instalado, el que triunfa es el hombre beta. Porque es sensible, protector, contenedor, fiel y afectuoso.

Cuando las mujeres maduran emocionalmente triunfa el hombre beta. Porque es sensible, protector, contenedor, fiel y afectuoso.

De hecho, quienes más traspasaron sus genes en la historia de la humanidad no fueron los machos alfa sino los beta, dado que las mujeres los prefirieron para formar familia. Por eso, casi todos nosotros representamos la victoria en el amor de un hombre beta.

Pero durante el lapso en el que las mujeres suspiran por los malotes, los hombres beta... ¿deben resignarse a la soledad?

Claro que no. Porque aunque los príncipes azules no seduzcan, los chicos buenos que pueden salir de su zona de confort son perfectamente capaces de conquistar a la mujer que les acelera el pulso.

Pónte a punto

Hombres y mujeres de buenas intenciones, cariñosos y considerados no entienden por qué les resulta tan difícil ser elegidos para una relación sentimental. O peor aun, mitigan la angustiosa posibilidad de ser los autores de su propio infortunio responsabilizando al afuera.

Muchas personas mitigan la angustiosa posibilidad de ser las autoras de su propio infortunio responsabilizando al afuera.

Atribuyen su estado amoroso a razones externas pero el contexto de relaciones breves y light en el que se supone estamos insertos es relativo. Porque relaciones estables se forman todos los días. Aunque quienes se emparejan son casi siempre los mismos... Me refiero a que muchas personas rompen una relación y fácilmente entablan otra. ¿Por qué algunos lo consiguen y otros no?

Ya he dicho que nuestro aspecto en absoluto es determinante. La diferencia es, pues, interna. Y ni siquiera estoy hablando de personalidad. Estoy hablando de autoconfianza. Los chicos malos, sin ir más lejos, logran lo que logran porque lo creen posible.

Allí es donde comienza todo. Sin convicción, la seducción y cualquier otra empresa se hacen cuesta arriba. Pero todos podemos seducir cuando nos sentimos seguros. Cuando no estamos avergonzados de quiénes somos ni de cómo somos. Y cuando nuestra voz interior no nos desmoraliza.

Todos podemos seducir cuando nos sentimos seguros. Cuando no estamos avergonzados de quiénes somos ni de cómo somos.

Porque nadie puede proyectar seguridad diciéndose: "me va a rechazar", "estoy excedido de peso" o "hay otr@s mejores". Nadie va a encontrarnos atractivos si nosotros mismos no nos gustamos.

Por eso, la manera de incrementar nuestra capacidad de seducción es alimentando nuestra autoconfianza. Porque ella permite disponer, sin inhibiciones, de lo mejor de cada uno. Y cuando eso sucede... la atención del otro decanta sola.

La desnutrición afectiva de los buenos

Si nunca tuviste una relación de amor, de respeto y de compromiso mutuo, o si tus vínculos no duran o si estás en una relación de "sólo sexo", puede que no sea porque "no apareció la persona indicada".

Muchas personas inconscientemente se defienden de la reiteración de experiencias negativas anclándose en la soledad... aun cuando parecen/creen estar esperando ansiosamente un vínculo amoroso.

Pero es que el miedo no es tonto. ¡Esa repetición puede darse! Si no has descubierto por qué pasaste por algunas situaciones sentimentales penosas, por qué no pudiste evitarlas y cómo prevenirlas a futuro, pueden volver a ocurrir.

Por eso es que, sin advertirlo, muchos y muchas eligen desistir del amor antes que perder la homeostasis conseguida. Que no será muy satisfactoria, pero al menos no trae sorpresas ni expone a un dolor que se imagina inmanejable.

En tanto que cuando no hay temores que neutralicen nuestros deseos, no hay depresiones encubiertas, y hemos aprendido de las experiencias pasadas, el buen amor llega. Se queda. Fluye.

De ahí que sea necesario que las chicas y los chicos buenos no rehuyan la verdad sobre sí mismos. Porque cuanto más sepan, cuanto más sinceros sean respecto de su situación, más rápidamente lograrán revertirla.

Y cuando lo logren, dejarán de sentir que no están hechos para ser amados, sabrán que son dignos de ser elegidos y ya no necesitarán entretenerse con amores turbios para tener a quien culpar.

Mientras l@s chic@s buen@s rehuyan la verdad sobre sí mismos, seguirán privados del amor que buscan y sintiéndose no dignos de ser elegidos.

Capítulo 14
Cómo recompensamos a los malos

"Cuando una mujer está con un chico malo –me escribe un lector– lo que hace, sin darse cuenta, es emitir un voto. Y esa elección afecta al hombre promedio.

"Cuando una mujer está con un chico malo lo que hace es emitir un voto".

"Al caballero, al amable, al soltero, al predecible, al confiable, a ese lo discriminan. Si no haces cosas que la lastimen o alteren –como ignorarla, levantarle la voz, pelearte o engañarla con otra–, no logras su atención.

"Es como dijiste en el libro: 'Muchas mujeres no pueden ver al hombre adecuado cuando el hombre inconveniente está cerca porque sus fuegos de artificio las encandilan'.

"Ojalá pudiesen mirar para el otro lado, ver al hombre incapaz de hacerlas sufrir como a un potencial amante o compañero. De esa forma habría menos sinvergüenzas en el mundo, menos recompensas para ese sinvergüenza, y más reconocimiento para el hombre bueno.

"Pobre bobo –continúa–, esperar que las mujeres respondan a la amabilidad y los buenos modales. Qué mal informados vivimos... Responde al hombre que la trata mal, al que la engaña, al que la agrede, al que está casado... Eso va contra todo lo que nos dijeron de chicos: 'tratá bien a la mujer, sé caballero...'".

"Por eso es que para la mente del hombre es incomprensible cómo elige la mujer. Y nos enoja mucho, solo que no lo decimos. ¿Sabes por qué? ¡Porque Uds. les huyen a los resentidos!".

¿Realmente los chicos malos les están quitando las damas a los hombres confiables? ¿Y si, como las chicas buenas, ellos también estuviesen eligiendo mal al apostar a quienes no les corresponden?

Pero es cierto que nuestro "voto" es injusto. Algunas veces, con la contribución de cierto romanticismo místico de la mujer que la lleva a atribuir su situación sentimental a designios superiores.

Porque cuando el amor no llega algunas dicen: "Es que Dios me está preparando algo bueno". Y cuando quieren excusar una mala decisión afectiva explican: "Por algo Dios lo puso en mi camino. Era el destino".

Las mujeres atribuimos nuestra situación sentimental a designios superiores.

No consideramos que con tantas guerras, hambre y enfermedades terribles que hay en el mundo, si Dios se inmiscuyese en nuestras citas sería, cuanto menos, un irresponsable.

Y del mismo modo, hay algo de insalubre tolerancia cristiana cuando elegimos comprender a quien nos perjudica. Decimos: "todo el mundo merece una segunda oportunidad", "todas las personas son buenas en el fondo", cuando no siempre es así.

Cómo colaboramos con nuestro verdugo

De alguna forma, cada uno construye a su malo. No en el sentido de provocar las conductas indeseadas del otro, sino en la realidad de que si alguien nos vulnera sistemáticamente es porque lo permitimos.

O mejor dicho, porque nuestra autoestima, probablemente con agujeros por donde se escurre la falta de consideración, la ofensa y la indiferencia, lo permite.

De alguna forma cada uno construye a su verdugo, a partir de los agujeros abiertos en nuestra autoestima.

Cuando no marcamos límites o respondemos de forma débil o pasada la oportunidad, estamos alimentando a un abusador. Lo mismo si dejamos que el hombre decida en cuestiones que nos involucran, si damos explicaciones que no deberíamos dar, si mendigamos amor, si nos conformamos con migajas de afecto, si aceptamos sus reglas en lugar de consensuar, si le damos amor a quien no lo aprecia, si perseguimos a quien nos rehúye o nos quedamos cuando deberíamos irnos.

Todos los días veo lo duro que resulta reconocer esta participación involuntaria de los perjudicados. Pero si siempre me pasa lo mismo, si soy el común denominador de situaciones injustas o dolorosas, algo debo tener que ver en lo que aparece como impuesto desde fuera.

Y algo debo tener que cambiar... lo cual es una actitud mucho más adulta, saludable y realista que pretender que el resto se adecúe a lo que espero.

Deja de nutrirlo para nutrirte

Cuando pensamos que él vale más que nosotras y las conductas tóxicas quedan sin sanción, el hombre nocivo se hace más fuerte. Pero si la mujer descubre que resignar dignidad mina su autorrespeto y consigue poco, que sufrir abusos en forma pasiva la daña psíquica y físicamente, y que es inútil esperar que un depredador emocional recapacite y se convierta en alguien mejor, las cosas cambian. Porque deja de exponerse a que el malote la dañe.

Es inútil esperar que un depredador emocional recapacite y se convierta en alguien mejor.

Por eso, cuando la mujer abandona la fantasía de incorporar la seguridad personal y la capacidad autoafirmativa del hombre por ósmosis, puede trabajar seriamente en ello, consigue reducir la idealización, pone distancia del hombre inconveniente, empieza a reconstruir su autoestima y logra que su vida cambie para siempre.

Sobre la importancia de la prevención

Durante la redacción de este libro vi un anuncio de Defensa Personal y tomé algunas clases buscando alguna semejanza entre la autoprotección física y la emocional que pudiese servirte para fortalecer esta última.

Y para mi sorpresa, advertí que estamos mucho más desprotegidos del peligro exterior de lo que creemos. Fundamentalmente, porque rechazamos el más simple y menos utilizado de nuestros recursos: la prevención.

De continuo veo a la gente asumir conductas riesgosas diciéndose: "si me tiene que pasar algo me va a pasar igual". Claro que te puede pasar aunque te cuides. Pero existirán menos chances si tomas precauciones. Claro que el Estado te debería cuidar. ¿Pero tan poco te estimas como para dejarlo todo en sus manos?

Por supuesto que no es vida temer todo el tiempo. Pero andar por la vida con temor tampoco es lo que digo. No cruzamos la calle sin mirar confiando en que los conductores serán buenos y no nos atropellarán sino que miramos aun cuando el semáforo está en verde. Y esto no es vivir con miedo al tránsito, ¿no es así?

Rechazamos el más simple y menos utilizado de nuestros recursos: la prevención.

Es más, cuando tenemos la atención entrenada en la autoprotección, el miedo desaparece. Porque ya cumplió su función de mantenernos alerta. Bien, de eso se trata. De disfrutar el momento sin dejar de estar alertas.

Por otra parte, cuando pensamos que las decepciones son ineludibles y adoptamos conductas riesgosas esperando que nos vaya bien, no estamos queriéndonos.

Y victimizarnos no es una salida. Porque lejos de empoderarte te lleva a depender de alguien más. Que no necesariamente va a cumplir el rol que le delegaste.

Pero así como aprendemos a victimizarnos, también podemos aprender a cuidar de nosotros mismos. Y un modo es previendo que nuestras conductas temerarias, irreflexivas, tienen consecuencias.

Y finalmente, nuestras relaciones sentimentales se enriquecerían mucho si implementásemos algunas enseñanzas que deja la Defensa Personal:

- Quien cree que es posible protegerse del daño exterior dispondrá de más recursos que quien no lo crea posible.

- Estar atentos nos permite reconocer tempranamente a las personas que nos podrían dañar.

- Si estás en problemas, fallaste en la prevención.

- Estar preparado para cualquier eventualidad produce confianza y tranquiliza.

- Saber que puedes cuidarte aumenta la sensación de control de la situación y disminuye el sentimiento de impotencia.

- Si nos consideramos importantes para nosotros mismos... ¿por qué no empezar a cuidarnos también emocionalmente? ¿Por qué no dejar de estar siempre en la línea de fuego del desamor?

¿Por qué no dejar de pararnos siempre en la línea de fuego del desamor?

Capítulo 15
La autoestima como antídoto

"Soy sumamente exitosa en mi trabajo –me escribe Fiorella –. Incluso a nivel nacional. Y sigo creciendo profesionalmente. Pero no puedo encaminar mi vida romántica, es un desastre...

"No sé vincularme, me desespera la soledad. Pagaría para que un hombre me quiera... Sí, bajísima mi autoestima... pero hice siete años de tratamiento psicológico con distintos profesionales y nada... Ningún cambio. Hasta fui a un psiquiatra tres años y estuve medicada con antidepresivos.

"No sé vincularme. Pagaría para que un hombre me quiera...".

"Mi primer novio me amaba pero se cansó de mí y comenzó a maltratarme psicológica y físicamente. En tres oportunidades me pegó en la nariz o me la apretaba tan fuerte que me la hacía sangrar. Le decía por qué hacía eso y me respondía que era su forma de demostrarme amor.

"Nos íbamos a casar y un tiempo antes me dejó y, en la misma fecha que habíamos elegido, se casó con otra. Estuve tan mal que somaticé todo y casi muero... me apareció un nódulo en la tiroides que consumió mis glóbulos blancos. Pensé que no me iba a salvar. La anestesia me descomponía. Hasta que decidieron hacerme yodo radioactivo.

"Hace un año, aproximadamente, empecé a salir con Andrés. Al principio era muy atento, sentía que me quería y me extrañaba, pero jamás me mostró en público ni me llevó a ningún lado, sólo nos vemos en su departamento o en el mío.

"Lo respeté, respeté sus tiempos y espacios, acepté su propuesta, me amoldé a él. Y cuando le reclamé me dijo que era lo que había, que fue claro desde el principio y no quiere mas que esto. Es sólo sexo.

"Yo sostengo, escribo, llamo. Él responde a veces. Hace poco fue mi cumple y se olvidó. Le avisé y decidió salir con un amigo. Yo no soy nada. Sólo me habla y me recuerda cuando tiene ganas de acostarse conmigo. Y yo accedo porque soy tan inmadura que creo que algún día va a quererme.

"Me veo horrible, no sirvo para generar nada en él. Pero mis amigas y compañeros de trabajo dicen que soy hermosa. Tengo dinero, soy delgada, me visto bien, tengo una profesión, un bagaje intelectual enorme y nadie se explica por qué estoy sola.

"Nadie sabe la carga que llevo. No se lo cuento a nadie. ¿Por qué nadie me eligió? Porque no sirvo para una relación. Porque doy todo de mí y me usan y me dejan.

"Nadie sabe la carga que llevo.
¿Por qué nadie me eligió?".

"Pienso que es culpa mía, que no lo sé entender, porque le pido más presencia, que me recuerde en la semana... –yo me conformo con un mensaje– y me dijo que lo harto.

"Quiero dejarlo y no puedo, no puedo. Lo extraño mucho, le escribo y me ignora hasta que tiene ganas de tener sexo y aparece siendo la persona más dulce del mundo... y yo siendo su mujer perfecta. Tengo miedo a la soledad. Y es imperioso como necesito amor. De verdad.

"Nanci, por favor... Ayudame a salir... a decir basta. Él ya lo dijo... Ahora me diagnosticaron quistes en los ovarios, estoy en tratamiento. Si no funciona tendré que operarme. Sé que es por esto... Ahí acumulo el dolor que llevo y que sólo yo sé. Últimamente me la paso llorando. Llego llorando al trabajo. No me importa nada. Sólo quisiera que la vida pase hasta que llegue el final de mis días...".

"Solo quisiera que la vida pase hasta que llegue el final de mis días...".

Desde un primer momento consideré su caso especial por los desafíos que proponía. Primero porque ella descreía del auxilio psicológico —"hice siete años de tratamiento psicológico con distintos profesionales y nada... Ningún cambio"— y ese era el único modo en que la podía ayudar.

Pero también porque no sólo su corazón, su estado anímico y su autoestima estaban en problemas: el estrés que le provocó el maltrato sentimental enfermó también su cuerpo. Una importante mejora psico–emocional, ¿ayudaría a evitarle la operación? ¿Y por qué no, si somos una unidad psicosomática?

Por otra parte, la depresión afectaba su trabajo y sus deseos de vivir. ¿Podría prescindir de medicación en estas condiciones? ¿Y luego de una experiencia de tres años de tratamiento psiquiátrico con antidepresivos?

Sin contar que vivíamos en ciudades distintas... Pero, como hacía tiempo que yo atendía vía chat a quienes no podían concurrir al consultorio, le dije a esa parte suya que no se rindió nunca, a la que me había escrito y confiaba en mí, que volviese a confiar en la terapia. Porque yo sabía lo que podíamos conseguir a partir de ese acto de fe que fue su correo electrónico.

No obstante, el inicio no fue fácil. Porque en las dos primeras sesiones Fiorella sólo decía: "yo no valgo la pena, para qué hacerte perder el tiempo, mejor vivir sola como me tocó. Ya no hay nada más por hacer...".

"Yo no valgo la pena, para qué hacerte perder el tiempo...".

En la tercera sesión, llegó el primer "clic". Empezó a oír mis intervenciones y sus expresiones de desesperanza comenzaron a ceder. Ahora se abría a explorar su relación, a probar nuevas perspectivas, y a realizar los ejercicios emocionales que había empezado a crear para ella.

Resultado: en poco tiempo, por motus propio y sin dificultad, extirpó de su existencia al hombre que la atormentaba. Consecuencia de este triunfo y del trabajo que siguió, su autoestima se fue haciendo cada vez más fuerte. Y su ánimo remontó sin antidepresivos.

¿Si se mantuvieron sus logros hasta hoy? Quien aprendió a pararse en la vida no vuelve a estar de rodillas. Pero mejor que te lo cuente ella.

El presente de una mujer que sí merecía ser amada

A un año y poco más del fin de su tratamiento, Fiorella me respondía presurosa el mail en el que le contaba sobre este libro proponiéndole incluirla. Con el vehemente deseo de dar esperanza a tantas mujeres con necesidad de amor o que sienten que la vida les pesa, esto fue lo que me respondió:

"Buen día, Nan!!! Maravillosa mujer!!! Qué alegría recibir este mensaje!!! Me dio piel de gallina... jajaja. Podés poner todo lo que quieras sin inconvenientes.

"No me quedan dudas de que se puede salir de una mala relación!!! Y que el verdadero amor existe!!! Me enseñaste muchas cosas... No me operaron del quiste. Como recordarás, hice un tratamiento con pastillas y se me disolvió. En cuanto a mi vida... estoy contenta, me siento feliz!!! Aclarando que los cuentos de hadas no existen y nada es color de rosa...

"Todo lo que me pasa, siento y permito que suceda en mi vida está en relación al amor que tengo por mí!!! Eso es lo primero que aprendí con vos. A aceptarme y amarme!!! Y a partir de ahí cambió todo.

**"Aprendí a aceptarme y amarme y
a partir de ahí cambió todo".**

"El año pasado, cuando ya había aprendido a vivir conmigo, mirá qué "casualidad", conocí a mi actual pareja. Es divorciado, tiene dos hijas, y de a poco, teniendo las antenas paradas, comencé a conocerlo. Juan no era como el resto de los hombres que pasaron por mi vida. Me respetaba, me valoraba, y pasé a ser parte de su vida.

"Compartimos muchas cosas y al tiempo nos fuimos a vivir juntos. A pesar de ser todo un cambio, ¿sabés que no lo sentí con magnitud?

"Respetamos nuestros tiempos y nuestras cosas, compartimos buenos momentos y cuando no coincidimos lo charlamos, le buscamos la vuelta, y seguimos por un mismo camino.

"¿Proyectos en común? Todas nuestras cosas son en común... Él tiene una empresa y cuando tiene que tomar decisiones siempre me las consulta. Me pregunta qué me parece y me hace sentir parte, aunque muchas veces le digo... "mi amor, ¿para qué me preguntaste si hiciste lo que querías?".

"Pero vive repitiéndome que sus cosas son mías también... Ahora estamos con el tema de tener nuestra casa... Y después, ¡viajar! ¡Compartir! Eso por ahora... pero quiero tener muchos más proyectos...

"Como insistías en el libro, es verdad que no todos los hombres son iguales. Lo que pasa es que nos desesperamos, queremos todo ya y aceptamos cualquier cosa y eso nos termina denigrando.

"Es verdad que no todos los hombres son iguales".

"Yo soy enteramente Fiorella, la única responsable de mí y de mi "salvación", no un hombre. Desde que aprendí eso, mi vida cambió.

"Soy muy feliz con Juan. Nos llevamos bárbaro. ME AMA[5]. Lo siento y lo veo día a día. EL AMOR EXISTE Y HAY HOMBRES BUENOS QUE AMAN DE VERDAD!!! PERO PRIMERO TENEMOS QUE AMARNOS NOSOTRAS.

"Todo lo que quieras y necesites, contá conmigo. Sos una grande. Gracias por ayudarnos y enseñarnos que sí se puede!!! TKMMM. Fiorella".

**"Yo soy la única responsable de mí y
de mi 'salvación', no un hombre".**

Gracias a vos, bonita, por haber confiado en mí y por este generosísimo aporte. Fiorella, que con posterioridad a este mail se enteró que estaba embarazada, dice que cuando aprendió a

---

5 Las mayúsculas son de Fiorella.

aceptarse y a amarse cambió todo. Y esto es así porque, en la medida en que nos queremos, nos quieren. Y en la medida en que nos respetamos, nos respetan.

Por eso no sólo maltrata el que ejecuta sino que también se maltrata a sí mismo quien lo permite, ya que alguien puede embestir contra nosotros pero poco podrá hacer si le cerramos el paso.

Pero quien goza de autoestima puede reconocer las situaciones que vulneran su dignidad y marcar límites a tiempo y sin temor. Y como no tiene dudas acerca de lo que merece, todo fluye: amor, confianza, crecimiento... Es decir, se proporciona a sí mismo una existencia fácil y satisfactoria. Algo que la persona con autoestima devaluada no consigue.

Porque en razón de su inseguridad todo se le hace cuesta arriba. Los problemas cotidianos y los objetivos que se propone le generan un desgaste, un consumo de energías y un estrés tan altos que a menudo repercuten en su cuerpo y/o en su psiquis.

Es lo que les ocurre a muchas celebridades. Llegan a la cúspide luego de vencer un sinfín de obstáculos internos. Pero como la fama no cura, continúan por el camino de la autodestrucción. Porque, aunque las multitudes las amen, no consiguen quererse ellas.

Por eso se equivocan quienes fantasean con que su cuerpo, la aceptación de los demás o una pareja les brindarán la auto–aceptación que no han sabido construir internamente. Y por eso aciertan quienes trabajan para edificar una autovaloración de la piel hacia adentro.

Por eso se equivocan quienes fantasean con que su cuerpo, la aceptación de los demás o una pareja les brindarán la autoaceptación que no han sabido construir internamente.

Capítulo 16
El valor de elegir realmente

¿Por qué insistimos en lo que nos perjudica? ¿Es que acaso buscamos nuestro mal? En absoluto. Ocurre que la idea de lo que es deseable para nuestro inconsciente –un malote, por caso– puede ser distinta a la idea de lo que es deseable para nuestro sentido común –apartarnos de él–. Pero la pulseada la suele ganar el primero porque opera en las sombras.

Sin embargo, ni siquiera nos enteramos que es así porque el inconsciente corre por delante y la razón lo sigue por detrás intentando ponerle palabras a nuestras conductas.

El inconsciente corre por delante y la razón lo sigue por detrás intentando ponerles palabras a nuestras conductas.

No obstante, siempre es posible actuar voluntariamente, decidir a consciencia. Siempre hay un margen para elegir lo que en verdad nos hace bien, tal como digo en mi libro *Las mujeres no siempre tenemos razón*.

Aunque nuestro inconsciente nos empuje hacia algunos caminos perjudiciales, su influencia no se podrá materializar a menos que decidamos escucharlo. Porque, pese a su poder, el libre albedrío existe. Siempre hay posibilidad de elección... sólo que en ocasiones las personas optan por creer que no eligen en absoluto para no asumir las consecuencias de sus actos. Viven como si cuanto hacen les viniera impuesto desde el otro.

De hecho, muchas mujeres dicen: "me quería ir porque lo que me estaba haciendo era humillante, pero no pude", "me hizo que lo fuese a ver a las dos de la mañana", "me hizo cambiar la ropa que llevaba puesta"... como si estuviesen bajo influjo hipnótico o como si el "amor" aboliese su voluntad.

Pero ni la hipnosis serviría de excusa, porque estrictamente hablando, es siempre una autohipnosis. Vale decir, la influencia del otro funciona porque ya estábamos predispuestos a que fuese así.

Por tanto, nos hagamos o no cargo, las decisiones son siempre nuestras. Porque aun cuando el otro se conduzca en forma imperativa, en realidad sólo propone. Somos nosotros, ya adultos, los que decidimos aceptar o no.

Nos hagamos o no cargo, las decisiones son siempre nuestras. Aun cuando el otro se conduzca en forma imperativa, en realidad sólo propone.

Y, si alguien decide en lugar nuestro, es porque nosotros le hemos dado ese poder. Por tanto, del mismo modo se lo podemos retirar.

Encendiendo la luz en nuestro inconsciente

La manera de ampliar nuestro margen de acción reflexiva, prudente y beneficiosa es quitándole poder a los contenidos inconscientes, reduciéndoles su espacio. Y esto se consigue volviéndolos conscientes mediante terapia.

Porque si siempre estoy envuelto en situaciones de desamor, de privación o de ingratitud afectiva, es que hay algo en mí que debo rever. Si se me va la vida tropezando con la misma piedra, debo descubrir qué hace que vaya por el mismo lugar y, por tanto, que llegue al mismo destino.

**Si siempre estoy envuelto en situaciones de
desamor, de privación o de ingratitud afectiva
es que hay algo en mí que debo revisar.**

Así pues, si quiero cambiar mi destino deberé cambiar de ruta. Tendré que acceder al GPS y reconfigurarlo según la nueva meta. Es como todo, no aprenderé a dibujar inscribiéndome en Jardinería. Pero a menudo nuestro inconsciente hace esas cosas. Nos matricula, nos afilia a situaciones que no coinciden con nuestros propósitos conscientes pero que le reportan cierto rédito. Y nos tiene batallando años para cancelar la afiliación.

Elecciones que son viejas marcas

A causa de las masivas autoestimas en rojo y de los aluviones de autopermisos para equivocarnos, se volvió normal que las personas se entreguen a vínculos superficiales o maltratadores. Al punto que la disfuncionalidad se ha vuelto normal.

Pero eso no quiere decir que no podamos prevenir. Cuando en una nota le preguntaron al cantante Robbie Williams si deseaba proteger a su hija de los hombres inconvenientes dijo que no haría falta. Que ella elegiría bien. Porque, cuando se les dedica tiempo y amor a los hijos, ellos toman buenas decisiones.

Y es así. Criar con amor es el mejor anticuerpo y la mejor herencia que se le puede dejar a un hijo, ya que de nuestras relaciones iniciales derivan los vínculos satisfactorios o disfuncionales que tenemos después.

**Criar con amor es la mejor herencia
que se le puede dejar a un hijo.**

Por eso, cuando el amor se nos convierte en un problema, revisar esa matriz hará que deje de serlo. Pero muchos eluden esa etapa y persiguen el amor esperando que él sea la solución de sus males afectivos. Y así solo consiguen más soledad y más dolor.

Porque, por bueno que sea, el amor romántico no es un remedio. Esto significa que las situaciones y dolores sin resolver no desaparecerán con su llegada. Seguirán allí.

Todo lo que no hayamos sanado, todo lo que no hayamos digerido, todo lo que no hayamos aprendido, seguirá interfiriendo en nuestras relaciones y proyectos de vida.

Por eso es tan importante dejar de negar, de minimizar o de justificar nuestros dolores pasados. Para poder afrontarlos, para elaborarlos desde la resiliencia y poder acceder al amor que merecemos.

Innumerables veces he oído decir: Me enamoré. No pude evitarlo. Es cierto, no podemos elegir de quién enamorarnos. Pero sí podemos elegir qué hacer con eso que sentimos. Porque el acelerador, el volante y el freno de las emociones, impulsos y sentimientos los manejamos nosotros.

Pero insistimos en la idea de lo inevitable de un mal amor porque es funcional a nuestras ganas de seguir con quien nos perjudica. Y la verdad es que somos libres de hacerlo. Aunque no de sus consecuencias.

> La idea de lo inevitable de un mal amor
> persiste porque es funcional a nuestras
> ganas de continuar el vínculo.

Después de todo, la verdadera libertad no es hacer lo que se nos venga en ganas, sino ser capaces de optar por la conducta más beneficiosa a futuro. Porque seguir la que nos perjudica es mera repetición inconsciente.

Poder elegir a pesar de las presiones externas

"A veces se me cruza adoptar o inseminarme y demás locuras –me dice una paciente–. Después pienso 'no. Debe ser dificilísimo criar un hijo sin su padre'. No imposible, pero es como que le estás negando algo… ¿Por qué me imagino la maternidad sin un hombre al lado? Porque estoy medio desencantada de los hombres… aunque con estos meses de terapia veo que el problema no fueron mis ex amoríos sino yo… Y ahora que lo sé me da miedo… Porque nadie te garantiza que un hijo te dé felicidad ni un hombre tampoco, si una no está bien.

Intervengo:

–En todo caso debería ser al revés. Los padres deberían estar lo suficientemente bien como para poder darles a los hijos una infancia feliz. Por lo clave que es esta etapa para el ser humano –digo.

–Un hijo sería darle el gusto a la sociedad… Bah… a mi padre, que quiere un nieto.

–Entonces ya estamos hablando de otra cosa, muy diferente… Estamos hablando no de un hijo sino de una forma de darle el gusto a papá… para ser aceptada por él –la invito a reflexionar.

–Ni aun así creo que sería aceptada...

La familia presiona, la sociedad presiona, pretendiendo influir en tus decisiones. Pero no tienes que aceptar esas presiones externas que tantos estragos producen. No necesitas que la sociedad ni nadie convalide tus decisiones. Te aseguro que cuando te aceptas tal como eres, piensas y sientes, la familia y la sociedad te aceptan también.

Cuando te aceptas tal como eres, la sociedad te acepta también.

Amén de que asumir mandatos para encajar no sirve. Porque si por complacer a los otros cambias de rumbo no te haces feliz a ti mismo. ¿Y qué es más importante?

Además, nuestras elecciones nos hacen únicos. ¿Por qué dejar de serlo para adecuarnos a las expectativas ajenas y perder la ocasión de ser queridos por lo que realmente somos?

Ser madre es una elección

Casarse y ser madre o padre no es el único final feliz posible. Son sólo opciones que tienes, no obligaciones. Por tanto, no dejes que la sociedad te angustie por no saberla enfrentar. ¡Busca el modo de callarla!

Si las personas con hijos no justifican su decisión, ¿por qué deben justificar la suya los que no desean procrear? ¿Por qué se los considera egoístas, cuando el egoísmo supone un perjuicio a terceros, que no es el caso?

Que ya no se juzgue a una madre sola, a un matrimonio gay o a los padres de hijo único por apartarse de la familia–tipo, prueba que el mundo siempre se resiste a lo nuevo... antes de aceptarlo.

Pero puesto que como comunidad aun nos falta ese último escalón, algunas personas sucumben a las presiones. Y es una pena. Porque acceder a que otros te impongan su modo de vivir, o que los hijos sufran la paternidad/maternidad poco convencida de sus progenitores, no vuelve las cosas más fáciles.

Así que no vayas a favor de la corriente porque parece simple porque no lo será, si deseabas ir en sentido opuesto. Día a día son más los que se atreven a romper con los mandatos sociales, por lo que no navegarás estas aguas en solitario.

No vayas a favor de la corriente porque parece simple porque no lo será, si deseabas ir en sentido opuesto.

Mientras elijas a conciencia, sabiendo que cualquiera sea la decisión siempre se pierde algo, mientras mantengas una flexibilidad interior que te posibilite repensar tus decisiones si surgieran dudas, estarás ganando. En libertad de movimiento, en coherencia y en autonomía.

Capítulo 17
¿Se olvida un "amor" verdugo?

"¡¿Qué haces con ese sujeto?! ¡No va a cambiar!". Una vez que antepusieron el "amor" que dicen sentir por el hombre al amor que se deben a sí mismas, muchas mujeres ya no escuchan a los suyos.

Por eso es imprescindible ser conscientes de quién es el otro antes de que nuestras emociones y mecanismos defensivos queden a cargo. Porque la mente a veces te maquilla las situaciones penosas que atraviesas para evitarte un dolor que imagina insoportable.

Es importante ser conscientes de qué relación
vamos a entablar antes de que las emociones y
los mecanismos defensivos queden a cargo.

"Si hubiese tenido más ocasiones de verlo y demostrarle que soy interesante, de ser la mejor que tuvo para tener relaciones sexuales —me dice Irina–, él se hubiera enamorado…

"Te digo la verdad… No quiero esperar pero espero… Yo me puedo hacer la superada pero si supieras lo que me alegra recibir un mensaje suyo, ver que intenta… que insiste…

"A lo mejor en el fondo busco ver hasta dónde llegaría por mí… más allá de que después se aleje de nuevo o invente excusas para no estar juntos, como hace siempre".

Es entendible el afán de revancha después del desamor. Y es entendible el no querer darlo todo por concluido justo cuando el otro parece haber empezado a valorarte.

Pero quien te ama no te deja ir, mientras que el orgullo herido siempre te intentará recuperar, así que ya sabes qué persigue.

Amén de que una nueva oportunidad no compensa el amor que faltó en su momento, ni la autoestima rota, ni el tiempo que se esperó en vano. Y que cuanto más demoramos la partida, más tarde se nos hace para reconstruirnos.

**Una nueva oportunidad no compensa
el amor que faltó en su momento.**

Soltar amarras

Pese a lo desgarrador que se puede sentir, ser abandonada por un chico malo es lo mejor que puede sucederle a una mujer que transita una relación dañosa. Porque…

…le ahorra tener que tomar la determinación de romper, que es la decisión que ella no puede tomar.

…la libra de los riesgos que a veces conlleva abandonar a un hombre peligroso.

…acota el daño acumulativo que un malote produce en el tiempo.

…le da el empuje necesario para replantearse los vínculos que establece.

…gana la posibilidad de rehacer su vida amorosa desde un lugar más sano.

> **El malote que inicia la separación le ahorra a
> la mujer tomar la decisión que ella elude.**

Sería un ejemplo de cuando perder es ganar. Porque si ella consigue ver que la tabla de salvación a la que se aferra es ilusoria, si comprende que soltarla y bracear hasta la costa es lo que le permitirá sobrevivir, si abre las manos para dejar que él se vaya, se sorprenderá de ella misma al advertir que no se hunde, que sigue adelante, que llega, que puede.

DeséaleBuenaSuerte.com

Cuando las dejan, muchas mujeres se obsesionan con que el hombre les diga la verdad. No se conforman con lo que él les dice.

Y lo digo siendo una defensora de la sinceridad en la relación… Pero en una despedida ya no hay relación. Por tanto, ¿para qué flagelarse con las razones?

Yo te digo para qué. La mujer se empecina en conocer el motivo real de la ruptura para intentar revertirla. Sólo que cuando alguien transmite su deseo de terminar una relación es porque la decisión ya está tomada. Es decir, ya es irreversible. Por tanto, no tiene sentido insistir.

> **Cuando alguien transmite su deseo de
> terminar una relación es porque la decisión
> ya está tomada. Es decir, es irreversible.
> Por tanto, no tiene sentido insistir.**

Cómo abandonar a un chico malo

Si la mujer no tuvo el privilegio de que el chico malo rompa la relación, tendrá que hacerlo ella. De forma activa o pasiva.

Para la primera posibilidad propondría que la mujer se mostrara poco atractiva en todos los sentidos posibles, mientras se hace a la idea de la separación. Pero lo último que querría una mujer enamorada es aburrir al malote objeto de sus desvelos.

Por eso la forma activa resulta más viable. Y además permite recuperar cierto control. Requiere, eso sí, de una mujer con la suficiente autoestima como para anteponer su necesidad de bienestar emocional a la necesidad de seguir con él, y el amor a sí misma por sobre el enamoramiento que siente.

Pero sobre todo, necesita de una mujer capaz de sostener su decisión cuando tenga ganas de escribirle, de verlo, de deshacer lo logrado. Ahora, de volcarse a esta opción, la salida de la relación deberá ser estratégica, si la mujer intuye o sabe que el hombre es peligroso.

Lo ideal sería disponer las cosas para que el hombre piense que la decisión es de él. Por la violencia que provoca en algunos de ellos ser abandonados.

Tal vez pueda plantear la separación como un *impasse*. O pueda atribuir la distancia "momentánea" a otra razón para luego sustraerse de cualquier acercamiento.

Porque allí donde él vislumbre una mínima duda, una mínima chance, o miedo, se creerá habilitado para perseguir o para impartir su oscuro sentido de justicia. Por eso no dudes en pedir toda la ayuda posible.

Olvidar a un chico malo... ¿es más difícil?

Sí. Es más difícil. No voy a decirte una cosa por otra. Con él es más difícil el durante, es más difícil la separación y es más difícil el después.

De hecho, la experiencia con un malote puede resultar tan traumática que quizás la persona ya no vuelva a ser la misma. Hasta ese punto es difícil.

La experiencia con un chico malo puede resultar tan traumática que quizás la persona ya no vuelva a ser la misma.

Aunque siempre hay mucha confusión con lo que debería suceder luego de una ruptura... Mientras algunos temen olvidar a quien los hizo sufrir porque piensan que de ese modo van a perder parte de su historia, otros desean olvidar, porque creen que si no lo hacen es que aun siguen enamorados.

Pero lo queramos o no, el otro no se nos borra como si nunca hubiese existido, al modo del film *Eterno resplandor de una mente sin recuerdos*, o como si padeciésemos amnesia. Nadie que haya tenido alguna importancia en tu vida desaparece de tu disco rígido.

Cuando concluye un amor, la catexia libidinal depositada en el otro se va retirando. Como si se te fuera descargando el celular. De esta forma pierde el peso y el espacio especial que tenía.

Te desapegas y nuevas personas y actividades pasan a ocupar su sitio. Y puedes recordar sin dolor, sin rencor y sin deseos de venganza, porque has extraído de la experiencia todos los aprendizajes posibles.

Pero no siempre las cosas salen así de bien. Algunos duelos devienen patológicos porque algo los detuvo y demandan ayuda profesional para poder reencauzarlos. No obstante, cuando lo logras, consigues mucho más que eso.

Porque para poder salir de allí tuviste que averiguar cómo y por qué entraste en tanto dolor. Así es como por la vía más amarga accedes a un cúmulo de autoconocimiento, es decir, de información sobre tu modo de vincularte en tus relaciones amorosas, que las mejorará y te acompañará de por vida. Y eso, te aseguro, no está nada mal.

Nadie como él

Ya he dicho que no es posible eliminar a alguien que amamos de nuestra memoria rom. Pero cuando algunas personas dicen "no puedo olvidarl@", a lo que se refieren en verdad es a no conseguir quitarse al otro de la cabeza. A sentir que el reloj se detuvo en el sufrimiento y la felicidad pasados y a la convicción de que nunca–nadie–será–igual.

¿Y te entristece que sea así? Si alguien te hizo sufrir, que nadie se le parezca es lo mejor que te puede pasar. Porque el "amor" verdugo es una droga. Que puede hacer que alguien se descubra apasionado, excitado, vivo… sobre todo si languidecía en el otro extremo.

Si una persona te hizo sufrir, que nadie se le parezca es lo mejor que te puede pasar.

De ahí que la ruptura torne el mundo gris, triste, sin sentido. Porque después de vivir bajo un arco iris de emociones, a no pocas personas les espanta volver a la vida en blanco y negro.

Por ello tendremos que asumir el control de la propia existencia, chequear nuestro estado anímico y ocuparnos de que la normalidad nos vuelva a resultar atractiva.

Capítulo 18
El amor es otra cosa

Cora, 42 años, me vino a ver por su dificultad para formar pareja. Su relación más larga había durado seis meses y, según descubrimos, revelaba una opinión de los hombres que no contribuía a su propósito.

—Estuve pensando en lo que me dijiste —trajo al inicio de una sesión— y encontré mucho pensamiento negativo sobre las relaciones, sobre la fidelidad... Eso de estar en pareja y que ambos se amen, se respeten... no me lo creo. La mayoría es hipócrita.

"Eso de estar en pareja y que ambos se amen, se respeten... no me lo creo. La mayoría es hipócrita".

—¿Quién era hipócrita en tu casa? ¿Tu mamá o tu papá?

—Ambos... Pero es la realidad general.

—Conozco muchísimos casos que no son así.

—De hecho, yo no soy así. Pero tengo un amigo y él es así. ¿Sabes qué me dice cuando lo hablamos? "Crees que soy un mal nacido pero hay peores que yo".

—Y también hay mejores que él, siento decirte.

—Los hombres son todos iguales, dice él —insiste Cora—. Me niego a darle la razón pero...

—No se puede generalizar... Hay toda clase de hombres. Los hay sinceros también.

—Yo no me los he cruzado.

–¿Te parece que empecemos a cambiar tu perspectiva?

–¿Pero cómo la puedo cambiar? No me quiero mentir...

–No, no. No te pediría nunca que te mientas. Eso no sirve... En la última sesión me dijiste que te habías dado cuenta de cuánta gente tenías, de cuánta gente te quería. ¿Y si pudieras seguir dándote cuenta de otras cosas que hoy no ves? A ver... Te voy a pedir que pienses, que trates de ubicar, entre las personas que conozcas, algo positivo que tenga alguna pareja, algo que un marido haya hecho por su esposa, o al revés, algún gesto de amor...

–De las películas sólo recuerdo.

–De situaciones de la vida real es lo que necesitamos.

–A ver, dejame pensar... Mmm... Mi cuñado, la pareja de mi hermana... Ella estuvo internada. No se sabía qué tenía. Lo vi llorar desconsoladamente... Y eso me llegó mucho.

"Vi a la pareja de mi hermana llorar desconsoladamente por ella...".

–Bien. ¿Algún otro gesto que haya tenido él o alguien más?

–Carlos, la actual pareja de mi mamá... Él es un tipo que la quiere de verdad. Es un señor con todas las letras.

–Ah, ¿sí?

–Y hay que aguantar a mi mamá, eh. Él le tiene mucha paciencia, la cuida, la respeta. Cada cumpleaños de ella la lleva al mar, que sabe que le gusta, y la lleva a los lugares que le gustan... Muchas veces tiene gestos para unir a los hermanos... También tengo unas amigas que son pareja. Ellas también se respetan. Se quieren.

–Cora... ¿estás escuchándote?

–Sí.

–¿Y qué ves?

–Gente que es distinta.

–¿A quién?

–A las pareja que yo he tenido.

–¿Y a quién más son distintos estos casos?

–A mis padres.

Cora no sólo pudo dejar de elegir chicos malos sino que lleva un año de feliz relación y convivencia con el que imagino es el amor de su vida. Y lo logró gracias a la terapia, sí. Pero también porque se atrevió a ponerse en cuestión ella, en lugar de seguir culpando a todo el género masculino por su situación amorosa.

> **Encontró el amor porque se atrevió a ponerse en cuestión ella, en lugar de culpar a todo el género masculino por su situación sentimental.**

No llames a cualquier apego amor

Cuando hay hipocresía –y esto es lo que no consideraba Cora–, no hay amor. Y lo mismo sucede cuando no hay cuidado mutuo y respeto de ambas partes.

Lo aclaro porque cuando hablamos de amor pareciera que todos entendemos lo mismo. Pero no sólo cada persona lo concibe diferente sino que según el concepto que tengamos de él nuestras relaciones serán un lugar de bienestar y crecimiento o de displacer y desamor.

> **Según el concepto que tengamos del amor, nuestras relaciones serán un lugar de bienestar y crecimiento o de displacer y desamor.**

O incluso un no–lugar, si inconscientemente nos representa un peligro que hay que mantener a distancia. Por eso Daniel, soltero, 52 años, preocupado porque su edad sea un impedimento para el amor, se sorprendió al oírme decir que no se preocupe, que cuando barramos sus temores el amor aparecerá.

Porque cuando tu mochila tiene demasiado peso no te atreves a cargarla aunque la necesites. Pero si alguien te ayuda a sacar lo que no te sirve hasta que se aligera… te la subes a los hombros sin pensarlo. Que es como decir que muchas veces el amor se demora porque no todo el mundo está preparado para el amor.

Hay personas que están tan habituadas a que en asuntos sentimentales las cosas no resulten que deben aprender a encontrar y recibir todo lo que les fue negado: afecto, fidelidad, alegría, compañerismo, amor…

Y defino al amor como la conjunción estable de deseo sexual y sentimientos tiernos, que se da de manera recíproca entre dos personas que se atraen y cuidan. Por eso no todo lo que reluce como amor es amor.

Nuestras relaciones ¿son realmente amorosas?

Pareciera que el siglo XXI nos desactivó las alarmas internas —o las desactivamos, para que no molesten— y ya no conseguimos reconocer ni esquivar las relaciones turbias. Sólo las sufrimos.

Cuánto más sano sería el mundo si hombres y mujeres pudieran comprender que el verdadero amor no daña, no maltrata —ni se deja maltratar—, no humilla, no angustia, no infunde temor…

...que los vínculos que te pisotean el corazón nunca cambian. Que quien abusa de los buenos sentimientos no merece una segunda y mucho menos una tercera oportunidad. Y que romper es el primer paso para encontrar a alguien a quien de verdad le importes.

Cuánto más sano sería el mundo si hombres y mujeres pudieran comprender que el verdadero amor no maltrata.

...que el amor cuida, nos hace sentir seguros y nos permite andar con los ojos cerrados en la tranquilidad de que el otro no nos dañará...

Pero algunas mujeres persisten en su error, entre otras cosas, porque les resulta muy doloroso asumir que les han entregado el corazón a quien menos lo merecía. Y que ese apego tan intenso que sienten por el malote ni siquiera es amor.

Todo final es también un comienzo

Willy usa el agujero del auto que hay bajo los pies de su chica para arrojar las latas de cerveza que consume mientras van por la ruta. Con un embarazo de siete meses, Novalee se desabrocha las sandalias, se duerme, y al despertar ve que el bendito agujero la dejó descalza.

Le pide entonces a Willy que se detenga donde puedan vender calzado. Él le da menos dinero del que necesita, Novalee entra al local, y al salir ve que el aspirante a músico desapareció. La abandonó de la peor forma, en el peor momento, en un lugar desconocido y sin un centavo.

Este es el inicio de *Dónde quedó el amor,* protagonizada por Natalie Portman y Ashley Judd. Que en realidad es un final: el que el malote decidió cuando ella creyó haberlo "domado".

Debe ser de los pocos films que reflejan lo que realmente pasa. Porque abundan los finales rosa...

Pero no los culpo, como dije en otro capítulo, la función de la ficción no es documentar la realidad sino, plasmar finales mágicos y hacernos creer que todo es posible.

Por caso, que un hombre excitante, atrevido y peligroso pueda devenir previsible, confiable y considerado, cuando son características incompatibles.

Difícilmente un hombre excitante, atrevido y peligroso pueda ser, al mismo tiempo, previsible, confiable y considerado.

Pero el sexo femenino insiste en encontrarlas todas en el mismo envase. Se convence de que, como en "La bella y la bestia", donde por amor el monstruo se transforma literalmente en príncipe, es posible de pintar de blanco lo oscuro que es como intentar convertir a un vampiro en paloma.

Porque pese a lo dicho hasta aquí, ninguna mujer desea un chico malo para su vida. Aún cuando lleve décadas con él. Si no lo abandona es porque los momentos buenos del hombre le mantienen la esperanza de que él cambie. Quiere lo que se imagina que él podría ser. Lo quiere como nunca será.

La mujer quiere lo que se imagina que él podría ser. Lo quiere como él nunca será.

El problema es que esa ingenuidad de esperar lo que nunca va a ocurrir es todo lo que ellos necesitan para arrancar a la mujer del mundo de todos los días. Para mostrarle el cielo y depositarla en el infierno. Quienes están allí lo saben. Porque si algo es seguro es que los amoríos con los chicos malos nunca terminan bien.

Te acabo de spoilear[6] el final de la película... ¿Vale la pena, entonces, quedarse hasta la última escena? ¿No será mejor dejar el drama y apostar por "una de amor"?

Claro que para eso deberíamos vencer el desamor que nos tenemos a nosotros mismos, de modo que el afuera deje de reflejarlo.

¿No crees que ese sí sería un final feliz? Amar... ser amados... Definitivamente, no hay mejor "The End".

---

6 Spoiler: se utiliza para los comentarios o críticas que revelan parte importante de la trama de un libro, película o serie.

15 preguntas y respuestas acerca del amor y el desamor

1. ¿Estamos realmente listos para enamorarnos?

No me cansaré de repetir que quienes desean una relación y no la consiguen, por lo general ignoran algunos entramados inconscientes propios, por lo que concluyen que el responsable de su situación romántica debe ser el sexo opuesto.

De mi vasta experiencia en la problemática puedo asegurar que, más que una realidad objetiva, sus convicciones sólo son una forma de evitar la angustia. Y de protegerse del eventual peligro de salir decepcionados, vulnerados, abandonados.

Así que, antes de culpar al mundo, te propongo evalúes tu genuina disposición para el amor mediante estas preguntas:

¿Me doy tiempo para conocer a alguien o juzgo y desecho enseguida?

¿Dejo que las cosas fluyan o intento forzar las situaciones?

¿Critico y/o reprocho mucho? ¿O me puedo relajar?

¿Espero que él/ella sea/actúe/piense como yo?

¿Sé controlar mis emociones y mi frustración cuando no lo hace?

¿Aspiro a una persona sin defectos? ¿Digo lo que pienso de buen o mal modo?

152 | Ellas los prefieren malos

¿Transmito energía positiva o negativa?

¿Sé dar afecto? ¿Sin agobiar? ¿Sin asfixiar? Y recibir, ¿sé?

¿Acepto que siempre seremos dos personas distintas, que no pensaremos igual ni nos gustarán las mismas cosas?

2. ¿Por qué nos cuesta tanto el amor?

Y hablando de investigar nuestras dificultades internas, una paciente que vino a consulta movida por el ansia de alcanzar el amor, trajo a una sesión el vínculo con su madre.

—Me doy cuenta de que me cuesta demostrar cariño, pre-guntarles a los demás cómo se sienten... –me dice Mary–. ¿Seré poco humana? Es como que sé que ellos están mal y no hago nada para ayudarlos. Como mínimo podría preguntarles cómo andan, ¿no? Actúo como mi mamá... No le nace preguntar-me cómo estoy. Siempre me habla de todo menos de mí... Y analizando ahora veo que me cuesta dar cariño pero sé que lo puedo dar, no sé si se entiende... ¿Soy contradictoria? No sé si me cuesta demostrar o es que no quiero dar el brazo a torcer.

—Es probable que cada una de esas personas represente un poco a tu mamá –intervengo–. Y por eso no estés pudiendo preguntarles cómo están, ni darles cariño. Porque ella no lo hace. Darle afecto, pese a que no te brinda gestos cariñosos... ¿sería dar el brazo a torcer? ¿Es eso?

—Sí. Suena a que lo hago de caprichosa pero es lo que me pasa. Sería: "si no me das cariño ¿por qué tengo que dártelo yo?".

—No, no es porque seas caprichosa. Es lógico esperar amor de los padres. Ellos son –deberían ser– los primeros y princi-pales proveedores de amor. Sobre todo cuando nos estamos formando. El tema es que, ya adulta, no confundas a los demás con ellos...

—Me duelen en el corazón esas palabras... Porque es verdad. No puedo separar las cosas... Yo siempre junto todo... Yo siempre mezclo todo...

3. ¿Internet restringe o amplía las posibilidades románticas?

Redes sociales que de sociabilidad tienen poco, aplicaciones para conseguir citas que no consiguen nada... Pero ocurre sobre todo en los sitios para encuentros.

Competir en el "mercado" del amor únicamente con una foto suena injusto, frívolo, terrible. ¿Pero crees que antes no sucedía? Ser evaluados por la imagen no es una creación de internet. Interactuar con varias personas hasta dar con la indicada tampoco.

Pero el tema es tan angustiante para muchos usuarios que se toman un sinfín de fotos, en estudiadas poses sexys y con filtros, para volverse más elegibles.

Sin embargo, reducir la imagen al aspecto es no comprenderla del todo. Y no comprenderla lleva a desaprovechar y/o descuidar los demás componentes.

Fundamentalmente la actitud, que parece un tema menor hasta que nos topamos con personas que transmiten aspereza, baja autoestima, indecisión, escasa seguridad.

Aunque no voy a mentirte. La dejadez resta muchos puntos. Y no es que debamos lucir como para la portada de una revista. Es solo que el abandono personal no es buena señal. De hecho, es un claro síntoma de depresión.

Y lo marco y subrayo porque la depresión en la población es mucho más alta de lo que muestran las estadísticas, dado que no todos los que la padecen reciben asistencia profesional.

Por eso conviene saber que si bien la tristeza es el síntoma más conocido, no siempre es lo que aparece en primer plano, y en su lugar se observa apatía, falta de disfrute, aislamiento, encierro, postergaciones, autoestima baja, insomnio o hipersomnia, dolencias físicas, muchas veces sin explicación, y el ya mencionado descuido personal.

De ahí que siempre debamos estar atentos a nuestro estado emocional. Porque él influye en todas las áreas de nuestra vida. Y porque cuando la depresión se cronifica es mucho más difícil tratarla.

4. El acercamiento retro ¿pasó de moda?

Algunas mujeres lamentan que los hombres ya no se les acerquen a hablarles. No se resignan a que el amor termine acotado a las pantallas. Todo tan frío, aséptico, previsible.

Pero el que los hombres se retrajeran del campo de seducción no se instaló sólo por comodidad y por la aparición de la tecnología. Históricamente los hombres experimentaron tantos rechazos a la hora de buscar compañeras que hoy que existen otras posibilidades escogen ir sobre seguro.

Por eso, quien ponga otra vez el cuerpo, se dé tiempo para el romance y no se sienta abatido si no resulta, llevará las de ganar. Y aunque es obvio que esta conducta nos expone otra vez, te aseguro que salir de la zona de confort lleva a empujar y expandir los propios límites. Lo cual es impagable.

5. ¿Sólo las mujeres idealizan?

Tras un encuentro casual en Europa, Jesse –americano– y Celine –parisina– pasan un día juntos en Viena, tienen sexo y, sin intercambiar datos para contactarse, prometen volver a verse meses después.

De esto trata el magnífico film *Antes del amanecer.* Y no estoy contando nada porque lo que tiene de maravilloso son sus infinitas, profundas e inteligentes reflexiones.

Luego de casi una década, en *Antes del atardecer,* la librería Shakespeare & Co., de París, sirve de escenario del reencuentro.

Hasta allí ha ido Jesse a presentar su libro. Más precisamente, una novela que habla... del puñadito de horas que nueve años antes vivieron juntos. Y no más, porque aunque él cruzó el océano para volver a verla, ella no fue.

–Al leerlo pensé que idealizaste un poco esa noche –le dice Celine–. ¿Cuánto te tomó escribirlo?

–Unos tres o cuatro años, tomándolo y dejándolo –le contesta él.

–¡Guau! –se sorprende ella– ¡Eso es mucho tiempo para escribir sobre una sola noche!

Ahora, que no se hayan podido olvidar, que quedaran tan marcados el uno por el otro, ¿significa que es amor? En absoluto. Porque el amor es siempre encuentro. No desencuentro.

Es ese sentimiento estable y hondo que deja a veces el fin de la ilusión romántica. Y digo "a veces" porque cuando la ceguera mutua se diluye y la pasión inicial se aquieta, cuando los defectos del otro surgen en todo su esplendor, no siempre se quiere seguir con el otro.

De hecho, hay personas que permanecen en los vínculos sólo mientras dure la parte idílica de la relación. La de las cosquillas en la panza, la de las reacciones extremas y la fogosidad sin cauce. Cuando el corazón deja de salírseles del pecho en cada latido, se van. No soportan la calma, la ternura, la confianza en el otro, la seguridad que le brinda.

Pero si pasada esta etapa aún seguimos queriendo a la otra persona con todo nuestro ser, aceptándola con sus falencias, sin pretender cambiarla porque tampoco es necesario, definitivamente eso dejó de ser un simple enamoramiento para transformarse en amor.

6. ¿Por qué nos aterra la rutina en las relaciones románticas?

La rutina del amor cotidiano no es mala en sí, al punto que su falta es una de las cosas que más sienten los que recién se divorcian, después de la pérdida del trato diario con los hijos, en el caso de los hombres.

Entonces, ¿por qué aterra? ¿Será porque se la percibe como monotonía y aburrimiento? ¿O porque algunas personas necesitan adrenalina constante y abundante para que la depresión no aflore?

Pero no es sólo la rutina o el temor a la rutina la que talla a veces. En los tiempos actuales también tendemos a relacionarnos sin involucrarnos demasiado y oscilamos entre las reacciones fóbicas y las dependientes por miedo a no estar a la altura de las expectativas del otro. Es como si nos preguntáramos: "si descubriera cómo soy realmente… ¿me querría igual?".

7. ¿Cómo distinguir entre prevenir el desamor y huir de un vínculo posible?

—Ya no estoy desesperada como el año pasado por encontrar el amor —me dice Mirta—. Y eso te lo tengo que agradecer. ¿Pero cómo me doy cuenta de cuándo me estoy cuidando, cuándo estoy huyendo de lo que podría ser un buen vínculo y cuándo sí es acertada una decisión?

Abordo sus dudas basándome en su propia experiencia.

—Ni bien percibiste que tu amigo no demostraba interés por armar un vínculo sentimental juntos —respondo— no te engañaste viendo lo que no era, no te ilusionaste igual, no te obsesionaste con conquistarlo. Te fuiste. Eso es autocuidado.

—El otro chico —continúo— parece buena persona, ¿por qué no te ibas a encontrar con él a ver qué pasaba? No haberte dado esa oportunidad podría haber sido una huida.

Y también huimos —le amplío— cuando el otro nos respeta, nos hace sentir que le importamos, y empezamos a crear problemas o rompemos la relación. Mientras que una decisión amorosa acertada tiene lugar cuando hay alegría, amor, respeto mutuo, y no tristeza, desamor y sufrimiento.

8. ¿Deberíamos privilegiar la cabeza o el corazón?

Me escribe un lector de mi segundo libro: "no puede ser que las mujeres asocien las relaciones intensas a la falta de razonamiento. Hacen cosas ilógicas y cuando les preguntan por qué las hicieron dicen: "¡porque lo amooo...!".

En realidad, también a muchos hombres una emoción como la ira les apaga la razón. Basta verlos en una cancha de fútbol, en un atasco de tránsito o en un ataque de celos. Los informativos lo muestran diariamente.

Pero por fortuna no todos se comportan así. La mayoría de los hombres se frena antes del desborde. No pierde el control de sí mismo. Se autorregula.

Otros, sabemos, son violentos. No saben manejar los conflictos. Aunque increíblemente a este grupo nunca se lo estudia. El Pensamiento Único insiste en que los hombres golpean y matan a las mujeres solamente por machismo.

Me pregunto... si fuera así, si el problema fuese que de verdad vivimos en una sociedad machista, ¿no tendrían que ser todos los hombres golpeadores y asesinos, puesto que en un reinado patriarcal recibirían todos la misma educación?

Pero volviendo a la puja entre emociones y razón, para poder construir un amor sano tenemos que aprender a mantener el equilibrio entre ser demasiado racionales y demasiado emocionales... Algo que parece haber caído en desuso.

Como el sentido común, que ha pasado al arcón de los recuerdos. Quizás por eso *Ellas los prefieren malos* busca desesperadamente restablecer el equilibrio promoviendo la inteligencia emocional en las relaciones y el rescate del sentido común.

9. ¿Es mejor cortar una relación a tiempo o disfrutarla hasta que no dé para más?

Cuando la otra persona no te interesa es fácil ponerle punto final a una relación. Lo difícil es cuando te resulta tentadora, fascinante, irresistible.

Si esta es tu situación, romper el vínculo deja de ser sólo una opción para convertirse también en una necesidad, porque el amor sano te hace libre, no esclavo. Si te esclaviza, es obsesión, dependencia, adicción, no amor.

Pero además, terminar un vínculo ante los primeros llamados de atención evita que el otro se ilusione y permite finalizarla de modo sano, sin tener que estar preocupándote por

Nanci Martin | 159

una eventual reacción nociva del otro. Es decir, sin riesgos de pretendidos "ajustes de cuenta" sentimentales, tan comunes por estos días.

Un cierre seguro a tiempo es aquel que no se presta a confusión ni a falsas expectativas futuras. ¿Suena doloroso? Lo es, como todos los finales. Especialmente los anticipados, donde siempre quedará la fantasía de lo que pudo haber sido... Pero a la hora de imaginar, no le hagas trampas, no te figures sólo el lado bueno que no se dio. Considera también todo lo que podría haber resultado mal.

10. Las personas preferimos vernos siempre como víctimas, no hacernos responsables de nada. ¿En toda ocasión hay negociaciones inconscientes?

Aun gustándoles mucho la luz natural, muchas personas han optado por viviendas oscuras por privilegiar la ubicación, el precio, las dimensiones o su estructura interna y, estos son los beneficios que obtienen a cambio. Porque nadie se perjudica a sí mismo a cambio de nada.

De igual modo, a muchas mujeres lo imprevisible de un hombre oscuro las revitaliza, porque supone peligro, y las sumerge en lo inmanejable, en lo que está fuera de su control.

Pero someterse a riesgos innecesarios, o a situaciones donde existen grandes posibilidades de que resulte mal, son decisiones francamente autodestructivas.

11. ¿Cuántas veces hay que perdonar?

Un día escribí en Facebook: "¿Cuántas veces hay que perdonar? Setenta veces siete7, dice la Biblia... ¿No es demasiado? Lo bueno es que acepta que no se puede poner la otra mejilla indefinidamente"...

...a lo que Naty comentó: "nunca perdonaría tanto... ¿Dejar pasar también cuenta como perdonar? Justificar, mentirnos a nosotros mismos, echarnos la culpa de los errores de nuestras parejas, hacer de cuenta que no es un defecto, ¿todo eso cuenta como perdonar? Me parece que con 490 veces no me alcanza...".

Le respondo, para su tranquilidad, que el "muchas" o "pocas" veces debería estar supeditado a lo grave que sea o no el daño recibido, reservándose la tolerancia mínima o la tolerancia cero para aquellas que afecten nuestra dignidad.

De cualquier modo, más allá de estos parámetros, en nuestro fuero íntimo siempre sabemos quién merece una segunda oportunidad y quién nunca debió tener siquiera la primera.

12. ¿Las mujeres son de acomodar la verdad a su gusto?

Un poco sí. Bastante. Incluso cuando se trata de soltar un amor sin amor. O cuando la otra parte impone la ruptura. Sobre todo si viene en envoltura auto-incriminatoria: "no estoy bien yo", "necesito estar solo", "no sé qué siento"...

---

7 Mateo 18, 21-35: Se adelantó Pedro y le dijo: "Señor, ¿cuántas veces tendré que perdonar a mi hermano las ofensas que me haga? ¿Hasta siete veces?".
Jesús le respondió: "No te digo hasta siete veces, sino hasta setenta veces siete".

Porque, convengamos, ni el más insensible se anima a decir: "pasa que nunca pensé en esto como una relación seria", "es que no te quiero" o "me enamoré de otra que me gusta más".

Justamente hay un film americano, *El inventor de la mentira*, que nos permite ver lo cruel que sería la vida sin filtros, donde la dura verdad la ejerciéramos todos todo el tiempo.

Por eso el mundo se mueve por convenciones. Por fórmulas que intentan no sumar sufrimiento a lo que ya es doloroso. Aunque esa mesura a veces sea aprovechada para pretender seguir la relación. Imaginemos...

—No te hago bien así. En este momento es una presión extra para mí estar en una relación... No sé, estoy confundido. Necesito que dejemos esto acá, reacomodarme...

—Si no estás bien, no te preocupes. Yo te entiendo y voy a acompañarte en lo que sea. Esto va a pasar, ya vas a ver... Lo vamos a resolver juntos.

—Quiero estar solo, Magalí.

—Por mí no te preocupes, yo no necesito que estés perfecto... Yo estoy en las buenas y en las malas.

—Magalí... no.

—¿Qué pasa? ¿Hay otra? ¡Necesito saberlo, por favor! Te juro que te voy a comprender, ¡pero necesito que no mientas!

—Ok. Me enamoré de la camarera de la esquina.

—¿¡Qué!? ¿¡Y tan tranquilo lo aceptas!? ¡Te falta corazón, mal nacido! ¡Yo te voy a decir lo que te pasa...! No te enamoraste de otra... ¡Es miedo al compromiso!

Porque cuando una persona quiere hacer oídos sordos, es difícil que la verdad la haga cambiar de parecer. Máxime en el fin de una relación, donde no hay verdades blandas. La verdad siempre es cruda. Por eso, cuando no la atenúa el emisor, a veces la amortigua la receptora, con justificaciones o reinterpretaciones que le resulten más llevaderas.

Y está muy bien. Cada uno tiene sus tiempos para procesar las cosas y sus mecanismos para paliar el dolor. Por eso no sirve la manía de algunas mujeres por obtener la confesión de una infidelidad y conocer los detalles.

¿Para qué torturarlo para que diga lo que no va a decir? ¿No debería ser suficiente que alguien se quiera librar de nosotros para armarle las valijas sentimentales y ponérselas fuera de nuestra vida?

13. ¿Por qué algunas mujeres suben a las redes fotos de sus rostros golpeados y no piden ayuda antes?

Como dije en el capítulo *Cómo reconocer a un maltratador*, muchas mujeres ocultan a los suyos que son violentadas por su pareja para no soportar la presión de tener que abandonar al hombre del que dependen emocionalmente y del que esperan un cambio.

Continuamente se aferran al menor atisbo de humanidad para redimir a quien las daña de manera constante. Hasta que un grave incidente las obliga a admitir que no pueden solas y entonces presentan la denuncia policial o se exponen en el mundo virtual. Porque con los extraños o no tan cercanos a muchas les resulta más fácil sincerarse.

Y porque es un modo de introducir a la sociedad como mediadora. Para que funcione como castigo del hombre como ley, o como un corte que facilite la separación que ellas no pueden lograr por sí mismas.

Pero esas ventanas que estas mujeres abren en momentos específicos, a veces se vuelven a entornar por las promesas del maltratador. Porque no nos engañemos, mal que nos pese, no es sólo por temor que en muchas oportunidades ellas retiran la denuncia.

Por ello, ese punto de inflexión en el que la mujer decide introducir a un tercero que ponga un límite al vínculo tóxico, debe ser aprovechado al máximo por el Estado.

Podría solicitar psicodiagnósticos, tratamientos psicológicos para ambos miembros de la pareja y trabajos comunitarios para el agresor, visto que la sola denuncia, la restricción perimetral y las campañas de prevención son, antes que insuficientes, ineficientes. Porque se insiste en aplicar curitas donde debe practicarse cirugía mayor.

14. Limitando un poco la espontaneidad, ¿no matamos el amor?

Encontrar a la persona adecuada no es el final del camino. De algún modo es el comienzo. Pero algunas personas no lo entienden así y terminan por perder a la mujer o al hombre indicados sólo por pensar que no son tan indicados debido a discrepancias menores.

Creen que deberían encajar a la perfección desde el primer instante, que nada de su pareja les debería molestar nunca, y que todo debería ocurrir naturalmente. De otro modo, piensan, no sirve.

Pero el amor es una construcción de dos personas que se desean, se protegen y admiran. Y lleva el mismo esfuerzo, paciencia y amor que le dedicamos a todo lo que tiene valor para nosotros: nuestra actividad, los amigos, los hijos...

¿Por qué el amor, que es tan grande, debería costarnos menos?

Por eso, recomiendo a hombres y mujeres que cuando encuentren el amor no crean que alcanzaron la meta, que es tema resuelto, que el amor lo soluciona todo, y que pueden despreocuparse porque ya encontraron su par. Lamentablemente no funciona así. Nunca.

Por grande que sea el amor –atención hombres–, irá muriendo en cada demostración de afecto que no se entregue, en cada destrato al que se dé lugar, en cada espera de que lo que no funciona se acomode solo, en cada silencio cuando se debe hablar.

Y atención mujeres, de igual modo el amor irá desapareciendo en cada queja innecesaria, en cada acto de impaciencia, en cada intento de cambiar al otro para hacerlo a tu medida, en cada falta de empatía o victimismo para ganar atención.

Pero no me escuches. Muévete a tu aire. Actúa como primero te surja. No cuides las formas, ni el trato que das, ni lo que dices, ni cómo lo dices. ¿O no somos libres, incluso para dinamitar la más bella relación?

15. ¿Quién entiende a los hombres/las mujeres?

Los prejuicios y las generalizaciones de un sexo hacia el otro existen porque cumplen una función: proporcionar información rápida sobre lo que nos rodea, sobredimensionando lo negativo y obviando las singularidades para que nos conduzcamos con precaución. Vale decir, para orientarnos con un panorama que, aunque impreciso, guíe nuestras primeras acciones.

Pero las ideas preconcebidas deben ceder paso a la observación, a las preguntas, al cuestionamiento de lo aparente para dar lugar a los reajustes que nuestras creencias requieran. Sólo así podremos desembarazarnos de los clichés para que nazca el otro real.

Y entonces la empatía aparece. Y se nos hace fácil entender qué quieren los hombres, qué quieren las mujeres, y por qué actúan como actúan.

Aunque tampoco es tan difícil saberlo....

Ellos desean placer. Ellas también.

Las mujeres desean amor. Los hombres también.

Porque, como seres humanos que somos, todos tenemos las mismas necesidades básicas. Necesitamos sexo como un modo de descargar tensiones, de expresar sentimientos y de obtener sensaciones físicas placenteras, y necesitamos amor para estar emocional y psicológicamente sanos. Con tamañas semejanzas, tiene pleno sentido volver a reconstruir los puentes.

A modo de epílogo

Cuentan que había una vez un rey muy apuesto que estaba buscando esposa. Por su palacio pasaron todas las mujeres más hermosas del reino y de otros más lejanos; muchas le ofrecían, además de su belleza y encantos, muchas riquezas. Pero ninguna lo satisfacía tanto como para convertirse en su mujer.

Cierto día llegó una mendiga al palacio y con mucha lucha consiguió una audiencia.

—No tengo nada material que ofrecerte. Solo puedo darte el gran amor que siento por tí —le dijo al rey—. Puedo hacer algo para demostrarte ese amor.

Esto despertó la curiosidad del rey, quien le pidió que le dijera que sería eso que podía hacer.

—Pasaré cien días en tu balcón. Sin comer ni beber nada. Expuesta a la lluvia, al sereno, al sol y al frío de la noche. Si puedo soportar estos cien días, entonces me convertirás en tu esposa.

El rey, sorprendido más que conmovido, aceptó el reto. Le dijo: —Acepto. Si una mujer puede hacer todo esto por mí, es digna de ser mi esposa.

Dicho esto, la mujer empezó su sacrificio.

Comenzaron a pasar los días y la mujer soportaba valientemente las peores tempestades. Muchas veces sentía que desfallecía de hambre y de frío, pero la alentaba imaginarse finalmente al lado de su gran amor.

De vez en cuando el rey asomaba la cara desde la comodidad de su habitación para verla y le hacía señas de aliento con el pulgar. Así fue pasando el tiempo... Veinte días... Cincuenta días... La gente del reino estaba feliz, pues pensaban "¡Por fin tendremos una reina!". Noventa días... Y el rey continuaba asomando su cabeza de vez en cuando para ver los progresos de la mujer.

—¡Esta mujer es increíble! —pensaba para sí mismo y volvía a darle aliento con señas.

Al fin llego el día noventa y nueve y todo el pueblo empezó a reunirse en las afueras del palacio para ver el momento en que aquella mendiga se convertiría en esposa del rey.

Fueron contando las horas... ¡A las 12 de la noche de ese día tendrían reina! La pobre mujer estaba muy desmejorada. Había enflaquecido mucho y contraído enfermedades.

Entonces sucedió. A las 11:00 de la noche de aquel día noventa y nueve, faltando apenas una hora para que llegara el día cien, la valiente mujer se rindió... y decidió retirarse de aquel palacio. Dio una triste mirada al sorprendido rey y sin decir ni media palabra se marchó.

¡La gente estaba conmocionada! Nadie podía entender por qué aquella valiente mujer se había rendido faltando tan solo una hora para ver sus sueños convertidos en realidad. ¡Había soportado tanto!

Al llegar a su casa, su padre, que se había enterado ya de lo ocurrido, le preguntó:

—¿Por qué te rendiste a tan solo instantes de ser la reina?

Y ante su asombro ella respondió:

—Estuve noventa y nueve días y veintitrés horas en su balcón, soportando todo tipo de calamidades y no fue capaz de liberarme de ese sacrificio. Me veía padecer y solo me alentaba a continuar, sin mostrar siquiera un poco de piedad ante mi sufrimiento. Esperé todo este tiempo un atisbo de bondad y consideración que nunca llegaron. Entonces entendí: una persona tan egoísta, desconsiderada y ciega, que solo piensa en sí misma, no merece mi amor.

Autor desconocido

Bonus track: un chat imperdible

Un día le pregunté a algunos de mis lectores qué hacía, en su opinión, que los chicos y chicas malas resultasen irresistibles. "¿Tienen algo en común que nos permita reconocerlos a distancia? ¿Qué es lo que l@s hace distint@s?". Esta fue la respuesta.

Lorena –Yo creo que es su personalidad, muchas veces encantadora.

Nico –Es que los chicos malos saben que lo prohibido se vuelve tentador. Y ellos, en cambio, no tienen nada prohibido.

Axel –¡¡Las chicas malas son más salvajes, abiertas de mente y aventureras!!

Lorena –Para mí tienen seducción, carisma… Pero también hay algo en uno para que esa persona lo atraiga. ¿El querer cambiarlo? ¿O pensar que va a cambiar?

Willy –Si a alguna chica le regalo flores y le hablo de Mozart, me vuela de un puntapié. Así que el romanticismo no funciona.

Nanci –Lorena plantea algo interesante… El desafío de reformar a un/a "malo/a".

Lorena –De lo que no nos damos cuenta es del espejo. Lo roto de uno es lo que deberíamos arreglar primero para no sentirnos con ganas de arreglar a los demás.

Caro –A mí particularmente me pasa que me atrae lo difícil de conseguir. El que me busca me aburre.

Lorena –Uno espera a que cambie, o cambiar al malo, hasta el punto de llegar a una relación enfermiza. Es como una obsesión de la que uno no quiere salir hasta que pase algo REALMENTE MALO.

Axel –Coincido plenamente con el comentario sobre Mozart de Willy. Las mujeres nos hacen malos porque cuando somos buenos nos rechazan. Ya lo dijo Caro... Caro, ¿estás de novia? Las mujeres tendrían que superar el concepto de "si este hombre me da bola es porque algo mal tiene". O "es un regalado".

Nanci –Bueno, eso de que las mujeres hacen malos a los hombres... Siendo adultos ya, cada uno debe responsabilizarse por su propio comportamiento... Pero de una mujer también se suele decir que es "regalada" si toma la iniciativa...

Lorena –No tiene nada que ver si son o no románticos, caballeros, etc. Por ahí no te regala una flor pero te enreda igual!!

Axel –Pero no por ser una regalada nosotros la rechazamos sistemáticamente. Ojito con esa. Uds. a nosotros sí.

Nanci –Axel, ¿y si realmente descartamos la idea de que porque una persona deja ver que está disponible está regalada?

Axel –Las solteras dicen querer una cosa y eligen lo opuesto. Nunca se deciden del todo las mujeres. Y cuando lo hacen, no les dura nada.

Nanci –Volviendo a la propuesta del chat... ¿qué creen es lo que desata la atracción? ¿Es algo que l@s chic@s mal@s hacen? ¿Hay algo que nos permita reconocerlos desde el primer minuto? ¿Son más extrovertidos, por ejemplo? ¿O no necesariamente?

Lorena –Creo que no en todos los casos son extrovertidos. A veces la juegan de introvertidos, sufridos... Y depende de lo que a uno le seduzca en ese momento.

Nanci –Y la seguridad que a veces exhiben estas personas... ¿creen que influye?

Caro –Pero es una seguridad aparente... Porque cuando las personas se conocen y se atraen ninguna muestra su lado feo.

Lorena –Yo hasta hoy siempre me fijé en chicos malos. Ahora los detecto, aunque a veces tengo recaídas.

Axel –Nanci... ¿por qué si le digo a una mujer "hola, me llamo Axel" sale corriendo pero si le digo "mmm... engordaste un poquito desde la ultima vez que te vi" la tengo comiendo de mi mano?

Nanci –¿Pero qué mujer cae seducida por una frase así? Yo no conozco a ninguna. No digo que no pueda haber algún caso perdido en el que un comentario desafortunado despierte interés... Pero no es lo común.

Axel –Lorena antes decía que a veces se busca cambiar al malo... Yo creo que eso de querer cambiar al otro es muy femenino, no tan masculino. A mí me pasa que las acepto como son al principio pero después veo cosas que me gustaría modificarles.

Nanci –Entonces querer modificar a la pareja no es algo femenino solamente... Y el aspecto del malo, ¿cómo influye? ¿Seducen porque son más lindos?

Axel –Ahhh, sí. Tenés que ser lindo para que te den bola, tal cual. Yo zafo pero con lo justo-justo.

Nanci –Porque no olviden que estoy preguntando si es posible reconocer a los más nocivos a un golpe de vista. Y llamativamente, el tema de la supuesta suerte de los más agraciados, salvo ahora que yo lo dije, no apareció.

Rubita –No sé quién es Axel y no leo sus comentarios pero seguramente alguna mujer "mala" lo lastimó... Puede ser???

Axel –Nanci... estas señoritas que andan dando vueltas por el mercado de hoy tienen una pila de "malos" en el placard, una guía telefónica!! Sin ofender lo digo.

Rubita –Nan!!! Vos sabes que yo soy de las que piensa que a los tipos les gusta que les den mala vida!! (obvio que no a todos...). Debe ser porque una ya es una "señora mayor", pero yo ya no sufro por amor. Ahora primero yo, ¡¡¡después vemos!!

Lorena –Yo creo que hay dos ramas de hombres: los cancheros y los calladitos. Quizás haya más. Yo conocí de los dos tipos. Uno se la daba de misionero metido en la curia y le gustaba el pecado y me sedujo quizás más que los cancheritos lindos.

Axel –El que gana bien y mucho sabe hacerse el pavo real con algunas y jugarla de callado con otras. Ante tanto feminismo, los hombres tenemos que adaptarnos a lo que la mujer quiere o necesita ver.

Rubita –Yo en mi placard tengo una gran colección de turros, jaaa... Pero pienso que si alguna vez alguien nos hace mal es porque se lo permitimos. Y no le echo la culpa a nadie más que a mí misma. Yo creo que el secreto está en querernos primero nosotras para no tener que andar reclamando que nos quieran!!

Nanci –Más que *echar culpas*, Rubita, yo hablaría de *responsabilidad*. Si tenemos en claro que sentimos cierta debilidad por personas inconvenientes, estaría bueno que tuviéramos estos gustos presentes para prevenir situaciones que nos pueden conducir a sufrimientos innecesarios.

Axel –Te hago otra pregunta, Nan. Soy bastante desastroso con las mujeres pero jamás anduve ni voy a andar con una mujer casada, juntada, ni de novia, ¿es contradictorio visto de afuera?

Nanci –Qué cosa.

Axel –Y... que al ser un desastre con las mujeres cualquiera pensaría que uno no tiene códigos ni interés en la situación del otro. En este caso, de la otra.

Nanci –Pero me parece muy sano no querer ocupar el lugar de tercero... Independientemente de que si aparece un tercero es porque algo ya no andaba bien en la relación, ¿no? Evitar ese lugar fusible es pensar no en la satisfacción inmediata sino a largo plazo. Porque los sentimientos uno no los maneja. Y podemos terminar involucrados afectivamente con alguien que no estará para nosotros. Para eso tenemos, además del corazón y las pasiones, la capacidad de pensar. De prever lo que nos podría causar daño a futuro.

Axel –Me encantó este debate. Y si me excedí en algún momento, pido disculpas. Pero chicas, dejen de ver si los hombres nos enamoramos o no y empiecen a hacer algo para que nos enamoremos... Porque parece que estuvieran anotando en un block nuestros pros y contras. Así es lógico que nos fuguemos.

Lorena –Yo anoto en mi mente lo positivo y lo negativo de la persona pero no estoy a la defensiva. Para mí no son todos iguales.

Axel –¿Anotás cosas en tu mente? I'm sorry. Preparate para un mundo de soltería eterna, entonces. Porque en las anotaciones los varones siempre salimos perdiendo. Lo que sucede es que la mujer tiene una sobre-oferta dada por la sobre-demanda del hombre, entonces piensan que pueden hacer y decir lo que quieran, si total atrás tienen 3000 más esperando una chance. ¿Sí o no?

Rubita –Qué suerte que no puedo leer a Axel!!!! Creo que ya lo hubiera hecho hamburguesa!!!! jaaa

Lorena –Axel... yo no analizo tanto. Si lo hiciera, hubiese detectado unos cuantos que no eran buenos. No es todo racional. Hay que tomarse un tiempo para conocerse, no engancharse por no estar solo... Aprender a estar con uno mismo también es inteligencia emocional. Yo, si alguien me dice algo lindo, eso queda en mi mente y me abro a conocerlo. Y si dice o hace algo feo, mi mente se lo comunica a mis sentimientos y me alejo... Bueno, a veces no.

Carlos –Permiso, entro en la charla... Creo que a ambos sexos, en su mayoría, les atrae lo físico y un poco la forma de ser. Por todos los casos que yo veo, las personas buenas siempre salen perjudicadas y sufriendo. En cambio las malas siempre se salen con la suya.

Julio –Querida Nanci, considero que la atracción, en ese espejo que es la vida, terminamos atrayéndonos por afinidad psicológica... ¿La felicidad es delgada? ¿La felicidad es rubia? ¿La felicidad tiene ojos celestes?

Lorena –No sé... Estoy pensando que lo de ser lindo es relativo... Porque los lindos, como nosotros, también sufrimos... :P

Bonus track humor: "Mejor solos que mal acompañados"

Hola. Soy Julián para los amigos. Justamente el otro día me crucé con uno que se fue a vivir solo. Por ahí el tipo la estaba pasando bárbaro, pero a mí me dio una pena...

Me lo imaginé entrando a la casa y que nomás salga a recibirlo el perro. Lo "vi" comiendo porquerías frente al televisor, babeando semidormido al amanecer frente la computadora... A mí solo me falta el perro. Pero la vecina a veces me presta el suyo.

Cuando el bicho tiene hambre, ella gentilmente me lo adosa. Cuando lo tiene que bañar, también. Cuando hay que vacunarlo, cuando hay que llevarlo al veterinario... Ella tiene una generosidad bárbara acordándose de mi existencia en sus momentos difíciles.

No cocina muy seguido porque también vive sola. Pero cuando lo hace, el olorcito a quemado que llega hasta mi casa es mortal. Para mí que se pone a hablar con alguno de los que andan dando vueltas por el departamento y se olvida. Porque lo llena tanto de gente para no estar sola que a veces ni se acuerda quiénes son ni de dónde los conoce y tiene que andar pidiéndoles las tarjetas personales. Ojalá me pidiese la mía. Al menos así se enteraría de mi nombre.

Y cuando los amigos no pueden ir a visitarla, invita a los vecinos. A veces aprovechamos y nos mandamos una reunión de consorcio.

—Hay que aumentarle a la portera…

—Encargada de edificio.

—¿Vos decís que con subirle el rango se conformará?

Pero no, qué se va a conformar. Ella sabe que nos sale más caro echarla que contratarle una asistente que haga todo lo que ella no hace. Por eso se abusa. Se reserva para ella la tarea de saludar a los propietarios y la hace fregar a la otra. Que tampoco le insume muchas energías eso de saludar porque da solo dos saludos por familia. O sea que, como vivo solo, a mí me saluda al llegar y al irme. El resto no tiene la misma suerte.

El problema es cuando me da por extrañar a mi vieja. Yo la voy a ver pero jamás la encuentro. Debe tener un itinerario interesante porque nunca se choca con mi casa.

Igual yo me las arreglo bien. Para comer puedo ir a la rostícería, llamar a un delivery o cocinarme algo. Pero la mayoría de las veces me preparo un café con leche y listo.

Lo único malo con las infusiones es que después no sé si termino de desayunar o de cenar. Y si tengo que ir a dormir o a trabajar.

Ante la duda, agarro para la oficina. En plena noche.

—¿A dónde va señor? —me ataja el sereno entredormido.

—¿Parece que estuviera yendo a las islas Fiji? ¡A trabajar! ¿A dónde voy a ir?

Pero como el hombre sabe que a esa hora sólo hay un puesto, el suyo, enseguida le entra la paranoia.

—¡Yo necesito este trabajo, señor! —me dice— ¡No tengo ni esposa ni hijo que mantener!

Al principio no entendí. Porque la justificación para conservar un trabajo solía ser: "¡Por favor, que tengo una familia!". Pero con tanta gente sola que hay en la ciudad actualmente, hasta los ruegos cambian… Aunque, por lo visto, con pareja o sin ella, los solos tampoco quieren perder la costumbre de comer.

¡Al final resulta que éramos dos suertudos! Porque ninguno de los dos tenía que aguantarse el ruido de una esposa gritándote, gritándole a los pibes, al amigo invisible de los pibes…

Yo, en cambio, en el monoambiente, nomás tengo prendido el televisor, la radio y la licuadora. Que a lo sumo te consumen electricidad, no la tarjeta de crédito, como algunas. Después está el perro de la vecina, que el otro día vino a tener los cachorros y ahora se los estoy criando. Pero como a ellos no se los enchufa hacen poco barullo.

Qué va a ser… Uno no valora lo que le falta hasta que otro lo tiene. Pero no quiero ser injusto. No valoro lo que me falta pero tampoco lo que tengo. Tiempo para leer, por ejemplo. Porque no leo nada. Ni las facturas para pagar leo. ¡Y tengo como mil! Si las encuadernase, tendría un libro. Y si las pagase, tendría teléfono fijo, celular, gas, luz…

Pero me gusta mi vida. Porque es la que elegí. Mañana, Dios dirá. Por ahora me conformo con ser la envidia de todos los casados. Ellos saben la libertad que se están perdiendo.

Alguien necesita saber de él

Es posible que muchas mujeres no sepan que una relación que perturba su bienestar emocional también puede afectar su salud psíquica e incluso física.

Es posible que alguna mujer de tu entorno se empeñe en vínculos de desamor culpando a los hombres por sus propias decisiones.

Es posible que alguna mujer que conoces mantenga un vínculo que le hace daño y necesite aliento para hacer lo que tiene que hacer.

Es posible que mujeres cercanas a ti repitan que los hombres son todos iguales, sumando tensión a las relaciones, cuando ahora sabes que hay muchos hombres valiosos esperando que las mujeres se fijen en ellos.

Es posible que quieras prevenir al sexo femenino sobre relaciones rechazantes, desconsideradas o de maltrato.

Es posible que quieras recordar los amores a los que nunca debes volver.

O siendo hombre, que hayas comprendido qué quieren realmente las mujeres, que no es fortuna, ni atractivo físico, ni dolor, y lo quieras compartir para alentar a tus compañeros de género.

Si es así, sube una foto de este libro a las redes, a Whatsapp, y/o por mail comentando por qué lo recomiendas. Alguien que no sabe de él puede estar necesitándolo.

Psic. Nanci Martin.
https://ar.linkedin.com/in/nanpsimartin
https://www.facebook.com/nanci.martin

#ellaslosprefierenmalos

Pónte en contacto

Enviá tu sugerencia, comentario o consulta, como parte del compromiso de autorrespeto que te propones asumir de ahora en más a:

psicologa.escritora@gmail.com

Psic. Nanci Martin.

https://ar.linkedin.com/in/nanpsimartin

O en Facebook.

Índice